Karlheinz Moosig

Streiten – aber fair

HERDER spektrum

Band 5292

Das Buch

Gute Beziehungen kommen ohne Streit nicht aus. Streiten dient der Lösung von Konflikten und der Stabilisierung jeder Partnerschaft. Es ist allein die Frage, wie gestritten wird. Nach der bekannten Methode des „Fair-Fight" von *George R. Bach* lernt der Leser konstruktiv und fair mit Spannungen und Konflikten in Beziehungen umzugehen. Der Autor hat das Grundkonzept von Bach weiter entwickelt und ergänzt mit neueren psychotherapeutischen Methoden. Diese konstruktiven Streittechniken sind von jedem erlernbar. Der Leser kann sich Schritt für Schritt mit Hilfe dieser Praxisanleitung für seinen häuslichen, familiären oder beruflichen Alltag die Basisregeln und Rituale selbst erarbeiten und aneignen. Jeder, der bisher Angst vor Auseinandersetzungen und Streit hatte, kann die Erfahrung machen, dass Streit, wenn er richtig geführt wird, verbindet, ja sogar zu Freude und Nähe führt. Dieses Taschenbuch ist ein Grundkurs zur Einführung in das „faire Streiten".

Der Autor

Karlheinz Moosig, Familientherapeut, ausgebildet in Transaktionsanalyse und systemischer Familientherapie. Entwickelte in den 80er Jahren das Streitmodell von Georg R. Bach weiter und führt seitdem Kurse und Lehrtrainings durch.

Karlheinz Moosig

Streiten – aber fair

Konflikte gut und konstruktiv lösen

HERDER

FREIBURG · BASEL · WIEN

Originalausgabe

Gedruckt auf umweltfreundlichem,
chlorfrei gebleichtem Papier

Alle Rechte vorbehalten – Printed in Germany
© Verlag Herder Freiburg im Breisgau 2003
www.herder.de
Satz: Dtp-Satzservice Peter Huber, Freiburg
Herstellung: fgb · freiburger graphische betriebe 2003
www.fgb.de
Umschlaggestaltung und Konzeption:
R·M·E München / Roland Eschlbeck, Liana Tuchel
Umschlagmotiv: © ZEFA
ISBN 3-451-05292-X

Inhalt

Einleitung

Spannungen als Chance

Wenn es in Beziehungen *spannend* wird, gibt es drei Möglichkeiten: entweder es folgt der Kontaktabbruch, eine wohlwollende Annäherung oder ein Streit. Bei einem Streit entscheidet sich, ob wir die Spannung nutzen können, Konflikte so zu lösen, dass sie uns verbinden anstatt zu entzweien.

Spannungen sind eine Chance, wenn wir zu unterscheiden bereit sind zwischen Konstruktivität und Destruktivität oder fair und unfair. Eine ganze Reihe von Wissenschaften arbeiten an diesem Thema, sei es die Psychologie, Philosophie oder Soziologie und andere mehr. Die Fragen und Antworten dazu sind so strittig und bunt wie das Leben, dennoch wage ich mit diesem Buch zu beweisen, dass faires Streiten ganz einfach ist.

Mein Forschertrieb und eine Reihe von Zufällen führten mich am Ende der 68er-Kulturbewegung auf die Untersuchung der menschlichen Aggression und wie wir mit dieser Gabe der Natur umgehen. Dabei fiel mir nach systematischen Umfragen auf, dass der überwiegende Teil der Befragten nach Auseinandersetzungen im Grunde unzufrieden war. Das ließ mich nicht ruhen, und ich versuchte herauszufinden, welche Faktoren diese bleibende Unzufriedenheit bestimmen. Nach jahrelangen Beobachtungen von Streitsituationen in der Beratungspraxis, mit Hilfe von Mitarbeiterinnen und im Durchleben meiner eigenen Spannungen, begegnete ich Ende der 70er-Jahre Virginia Satir, die sich ebenfalls mit dem Thema konstruktive Kommunikation beschäftigte. Mit ihrem übergreifenden Modell der Kommunikationsstile arbeitete ich zunächst weiter und fand heraus, dass es auch bei einem akuten Konflikt zwischen Streitern und Streiterinnen nur wenige Grundmuster gab, nach denen Menschen versuchen, ihre Spannungen abzubauen.

Am Ende dieser Suche blieben vier Typen übrig und ich nenne sie seit 1992 >Die vier Streittypen<. Seit dieser Zeit wurde mein Modell der Streittypen fester Bestandteil der Beratungen und Trainings in vielen Bildungseinrichtungen Deutschlands. Damit konnten jetzt Partner, Familien und Teams erfolglose Konfliktstrategien erkennen und neues Verhalten ausprobieren. Ich ging von der Annahme aus, dass die Zufriedenheit von Menschen nach spannungsgeladenen Auseinandersetzungen umso größer ist, je mehr die Kenntnis des eigenen destruktiven Streittyps zunimmt. Ein Familienvater brachte es nach einem Streittraining und seinen Erfahrungen damit auf den Punkt: *„Wenn ich zurückschaue, wie ich früher mit meinen inneren Spannungen und Konflikten mit meiner Frau und den Kindern umgegangen bin, hätte ich mir in meinem Leben viel Ärger ersparen können."* Mit diesem Buch möchte ich die vier destruktiven Streittypen eingehend analysieren und übersichtlich darstellen.

Im Eingangsteil nehme ich Bezug auf unsere derzeitige Streitkultur. Dabei setze ich mich kritisch mit den gesellschaftlichen Einstellungen und Gefühlsmustern auseinander und gehe der Frage nach, warum Streiten überhaupt sein muss. Im Teil drei des Buches geht es vertieft um die Klärung dessen, was in unserem Organismus passiert, kurz bevor wir platzen. Darin skizziere ich die wichtigsten Aggressionstheorien (hier besonders das inzwischen weltweit bekannte Aggressionsmodell von meinem Lehrer Prof. Dr. George R. Bach) und verbinde sie mit der uralten Wahrheit, dass unsere viel geschmähte Aggression eigentlich eine äußerst wichtige Lebensenergie ist, bevor ich auf das faire Streiten im letzten Teil näher eingehe. Hier gibt es dann ganz praktische Hilfen und Anweisungen für die konstruktive Bewältigung emotionaler Spannungen und Streitigkeiten.

Ich danke allen, die mir bei der Entstehung des Buches geholfen haben: Sabine Negwer, die mit mir in der Praxis die Richtigkeit des Modells der vier Streittypen immer wieder überprüft hat, meinen Klienten und Teilnehmern an den Streittrainings der letzten 15 Jahre, die mit ihren Beispielen ihr Konfliktverhalten in Frage stellten und in der vertrauensvollen Atmosphäre der Gruppe daran arbeiteten, Rosemarie Mörsen, die meine Ideen im Computer gespeichert und geduldig korrigiert hat und meiner Frau Eva-Maria, die mir mit ihrer psychologischen Sachkompetenz half, die Texte zu verdünnen und zu präzisieren.

Teil 1

Zur Sache

Streiten — muss das sein?

Kaum jemand streitet gern, denn ein Streit ist unangenehm. Nur wenige Menschen behaupten, Streiten macht Spaß; aber auch sie haben eigentlich Angst vor einem echten Konflikt. Allein die Verletzer unter uns streiten ohne jegliche Bedenken.

Streiten dient der Lösung von Konflikten, ist daher *lebens-notwendig* und gehört zur Kommunikation wie liebevolle Zuwendung. Das war nicht immer meine Überzeugung, denn als Kind erlebte ich das Gegenteil. Meine Eltern haben sich leider oft gestritten, nur selten wieder vertragen und sich endgültig getrennt, als ich sieben Jahre alt war. Wahrscheinlich hat diese Erfahrung dazu geführt, dass ich später einem Streit lieber aus dem Weg gegangen bin. Auch noch als erwachsener Mann war ich bei Konflikten zurückhaltend, habe meinen Ärger eher runtergeschluckt und bin erst, wenn es gar nicht mehr anders ging, auch mal vor Wut geplatzt. Aber immer hatte ich nach derartigen Streitigkeiten ein ungutes Gefühl.

Das änderte sich erst, als ich Anfang der 70er-Jahre über Birger Goos und Michael Paula den „Fair-Fight" von George R. Bach kennen lernte. Von seiner Methode, mit Spannungen in Beziehungen umzugehen, war ich sofort begeistert. Vor allem half mir die Erlaubnis, in der Streitphase der „Affektabfuhr" meinen Dampf ablassen zu dürfen (Näheres darüber siehe Seite 39). Natürlich durften das auch meine Streitgegner in den Trainingsgruppen, was am Ende aber bei uns allen zu der Erfahrung und Einsicht führte: „Streiten verbindet" (seit dreißig Jahren gleichnamiger Weltbestseller von Bach/Wyden 1971).

Seit dieser Zeit wurde das Thema: *Konstruktiver Umgang mit Aggressionen und Konflikten* auch in der pädagogischen und therapeutischen Praxis zu meinem Arbeitsschwerpunkt. Ich entwickelte das Grundkonzept von Bach weiter und ergänzte es mit Erfahrungen und Techniken aus anderen psychotherapeutischen Methoden. Hier erhielt ich von Dan Casriel, Walther Lechler und Jirina Prekop bedeutsame Impulse und persönliche Unterstützung. In unzähligen Streittrainings der letzten 20 Jahre mit Erwachsenen, Jugendlichen und Kindern übten wir konstruktive Streitrituale und erarbeiteten Fair-Streit-Regeln für Partnerschaften, Familien und Gruppen.

Die meisten von uns haben Streiten nicht gelernt. Eher fragt man sich, ob Streiten überhaupt sein muss. *„Können wir nicht anders miteinander umgehen?"* Diese Frage taucht immer wieder auf, wenn die Angst vor einer Auseinandersetzung größer ist als der Mut, anstehende Konflikte offen auszutragen. Dazu ein Beispiel: In meine Beratungspraxis kam eine junge Frau mit ihrem Partner, die sich offensichtlich sehr lieb hatten. Sie waren schon zwei Jahre miteinander glücklich und hatten sich noch nie gestritten. Doch vor einigen Tagen sei etwas Schreckliches passiert. Bei einer Party hatte der Mann, entgegen seiner sonstigen Gewohnheit, weit über den Durst getrunken. Durch den Alkohol sichtlich enthemmt, fing er an zu streiten, hatte unter anderem auch seine Frau beschimpft und nun waren beide sehr erschrocken. Ihm war der Vorfall völlig unerklärlich und es tat ihm Leid, was er angerichtet hatte. Aber was sollten sie nun machen? War die vorher so harmonische Beziehung jetzt zu Ende? Hatten sie sich nun nicht mehr lieb? Musste sie sich jetzt gar von ihm trennen?

Diese Fragen beschäftigten uns, und am Ende lud ich die beiden zu einem Streittraining ein. In der Folgezeit lernten sie in einer Gruppe mit anderen ihren verdrängten Ärger und Frust näher kennen, ihn als ganz natürlich zu akzeptieren und ohne Angst miteinander zu teilen. Sie erkannten, dass sie immer versucht hatten, Konflikte zu vermeiden, um den anderen und sich selbst vor unangenehmen Gefühlen zu schützen.

Bei einem Streit sind immer Gefühle beteiligt. Auch dann, wenn sie für uns beängstigend sind und wir sie nicht wahrhaben wollen. Sie dienen als Signale zur Bewältigung von Not- und Gefahrensituationen und dem Ausgleich gegenseitiger Interessen und Bedürfnisse. Bei Spannungen in einer Beziehung regen Gefühle und Affekte zum Handeln an und fordern die Streithähne und Streithennen zu Veränderungen auf.

In vielen Umfragen, wie ein guter Streit sein sollte, war die überwiegende Antwort: „Bei einem Streit sollte man sich bemühen, möglichst sachlich zu bleiben." Nach meinen Beobachtungen und Erfahrungen als Begleiter bei Tausenden Auseinandersetzungen zwischen Menschen aller Altersstufen ist genau das „Sachlichbleiben" nicht möglich und gehört deshalb in den Bereich des Wunschdenkens (ausgenommen der „Nichtstreiter", Seite 39). Die in einem Konflikt unterdrückten Gefühle werden im Gehirn abgespeichert und beim nächsten Streit wieder abgerufen. Bei der praktischen Erprobung in Streitsituationen wird das immer wieder deutlich und mündet bei den Streitgegnern letztlich in die Frage: „Wenn es also unmöglich ist, rein sachlich zu streiten, wie können wir im Konfliktfalle dann besser mit unseren Gefühlen umgehen?" Das ist die zentrale Frage, der ich beim Einüben fairer Streitregeln jedes Mal begegne.

Wenn wir richtig und gut miteinander streiten wollen, dürfen wir nicht den Fragen ausweichen: Welche Gefühle habe ich beim Streiten? Wie gehe ich mit meiner Angst, mit Ärger und Wut, mit Kränkungen und Enttäuschungen um? Kann ich solche Gefühle fühlen und ausdrücken? Kann ich frei darüber entscheiden, in welchen Situationen ich meinen Emotionen freien Lauf lassen darf und wann ich sie zu meinem eigenen Schutz zurückhalten muss?

In unserer Gesellschaft gehört es nicht zur allgemeinen Gefühlskultur, seine inneren Empfindungen frei und offen zu zeigen. Das hat dazu geführt, dass sogar Intimpartnerschaften emotional verkümmern und deshalb bei Konfliktsituationen zunehmend hilflos werden. Die hohen Scheidungsraten sind ein deutlicher Beweis dafür. Wenn aufgestaute Gefühle zwischen Menschen bereinigt sind, dann kann streiten verbinden und die Lösung von Problemen enorm vereinfachen.

Ich komme damit zurück zu der eingangs gestellten Frage: Müssen wir unbedingt streiten? Es gibt Kulturen auf unserem Planeten, die anfallende zwischenmenschliche Probleme – Ärger und Wut zum Beispiel – durch Meditation und sensible bewusste

Atemtechniken in den Griff kriegen. Vielleicht ist uns Europäern dieser Zugang noch verwehrt, weil wir in unserem heimischen System eher rational orientiert sind und der Gewinn- und Erfolgsdruck unseren täglichen Stress immer wieder neu produziert. Aber zum Glück haben wir ja inzwischen konstruktive Streittechniken entwickelt, die erlernbar sind und uns helfen, dieses Dilemma zu überwinden. Dazu will ich mit den folgenden Kapiteln einen Beitrag leisten.

Die Streitkultur — ein gesellschaftliches Tabu

Die Art und Weise, wie wir in Beziehungen und in der Öffentlichkeit kontroverse Meinungen äußern und Konflikte austragen, bestimmt unsere Streitkultur. Aber nicht nur das. Auch das Miterleben, wenn andere streiten, ob in der Realität oder bei gestellten Szenen, hat auf Dauer einen Einfluss auf unser eigenes Streitverhalten. Wenn wir zum Beispiel durch Presse, Rundfunk und Fernsehen mit negativen Problemlösungen überschüttet werden, dann ist das nicht nur der Ausdruck unserer Streitkultur, es prägt auch tief im Innern unsere Einstellungen und das Denken. Und das, wie wir alle wissen, besonders bei der jungen Generation.

Unsere individuelle Streitkultur entwickelt sich primär aus Erfahrungen in der Herkunftsfamilie und Gruppen, mit deren Normen und Werten wir bis zum Erwachsenenalter identifiziert sind. Die Streitkultur eines Volkes spiegelt danach wider, wie die Mehrheit mit zwischenmenschlichen Spannungen umgeht.

Eigene Nachforschungen dazu erbrachten, dass der Begriff „Streitkultur" quer durch die Bevölkerungsschichten bei ca. 35 Prozent der Befragten als „bekannt" eingestuft wurde. Das überraschte uns Interviewer zunächst, denn mit so einem hohen Prozentsatz hatten wir vorher nicht gerechnet. Auf die Frage: „Was verstehen sie unter Streitkultur?" war die häufigste Antwort, dass man beim Streiten gut miteinander umgeht. Weitere Fragen ergaben, dass diese Antwort aus dem Bereich der Idealvorstellungen und des Wunschdenkens gegeben wurde.

Unser Alltag ist ohne Zweifel voller unterschiedlicher Meinungen und Auseinandersetzungen, aber über die Art, wie wir sie austragen, reden wir nicht gerne. So entziehen sich die meisten Menschen in unserer Gesellschaft völlig einer offenen und selbstkritischen Betrachtung ihres Streitstils. Das Ergebnis ist ein Tabu über die Kultur des Streitens. Wenn große Teile eines Volkes den Blick auf einen so wesentlichen Bereich ihrer Kommunikation verweigern, verhindert das nicht nur eine konstruktive Weiterentwicklung dieses Kulturbereichs, es lässt vielmehr vermuten, dass hier das so genannte „kollektive Unbewusste" nach C. G. Jung eine bedeutsame Rolle spielt.

Was hier gesellschaftlich verdrängt wird, sind vor allem jene Gefühle und Emotionen, die einen Streit dominieren, als unangenehm gelten und im Volksmund als *schlechte Gefühle* bezeichnet werden. Über solche Gefühle redet man nicht, in der Hoffnung, dass sie dann schnell weggehen. Jeder und jede versucht, auf seine Art und Weise damit fertig zu werden; doch nicht jeder schafft das ohne negative Folgen. Im Kapitel „Das Thema Nummer eins beim Streiten" gehe ich auf den Umgang mit Gefühlen beim Streiten näher ein.

Wenn wir uns also der Streitkultur bereitwillig und kritisch nähern, müssen wir uns gleichermaßen auch der Gefühlskultur offen zuwenden und brechen damit freilich ein weiteres Tabu, nämlich *die Unterdrückung der Gefühle in dieser Gesellschaft.*

Wir haben in unserer Geschichte schon viele Tabus gebrochen und begonnen über Verbotenes zu reden, vorher Undenkbares auszusprechen und gemeinsam Neues zu wagen.

Ich erinnere an dieser Stelle an gesellschaftliche, früher unantastbare Themen wie zum Beispiel die Sexualität, die Ehescheidung, die Sterbehilfe, die Homosexualität oder die Menschenwürde. Manches davon ist inzwischen im Bewusstsein der Bevölkerung und eingebunden in unsere gemeinsame Kultur; um vieles ringen wir noch in uns selbst und miteinander. Auch die Streitkultur hat Chancen, ans Licht der Welt zu kommen, wenn wir, jeder bei sich selbst, mit kleinen Veränderungen beginnen. Vorher müssen wir uns dem Mythos des Streitens stellen und das Augenmerk auf die Wurzeln unseres persönlichen, destruktiven Streitverhaltens richten.

Natürlich gibt es Menschen, die sich vollkommen fair verhalten, wenn es mal kracht. Solche Streiter sind offen und ehrlich, aber nicht verletzend. Sie nehmen den Streitgegner ernst, können angemessen zuhören, ihre Gefühle zeigen und sind auch in einem schweren Konflikt konstruktive und vertrauenswürdige Gegenüber. Ich gehe bei meiner Analyse von der Annahme aus, dass solchermaßen beschriebene Mitmenschen in unserem Land nicht die Mehrheit sind. Mit meiner Darstellung ziele ich nicht auf diese Gruppe und ebenso wenig auf jene Minderheit unter uns, die sich allein mit Zerstörung und Gewalt durchzusetzen versucht. Die vorliegende Betrachtung zielt auf die Mehrheit der Gesellschaft und will darauf aufmerksam machen, dass bei den meisten von uns das alltägliche zwischenmenschliche Problemdenken, das Problemfühlen und Problemhandeln überwiegend angstbesetzt ist. Daran wäre, psychologisch betrachtet, erst mal nichts auszusetzen, wenn diese Angst nicht, wie ich es vermute und hier zu beweisen versuche, vor allem vom Mythos genährt wird. Der Mythos des Streitens, von dem hier die Rede ist, wird gespeist von irrationalen und verschwommenen Vorstellungen, wahnwitzigen Ammenmärchen und einer unrealistischen destruktiv-verzerrten Wahrheit. Dazu möchte ich hier auf einige der bekannten Grundhaltungen beispielhaft hinweisen. Die Art, wie Menschen in unserer Gesellschaft über das Streiten denken und sich bei Konflikten und Auseinandersetzungen verhalten, ist geprägt von folgenden Wirklichkeiten:

- Das allgemeine Verständnis vom Streiten ist grundsätzlich negativ. Das Gleiche gilt für die Bewertung von Ärger, Wut und Aggression aller Art. Die Assoziationsketten dazu kreisen um Begriffe wie: Knies, Zoff, Stunk, Zanken, Zusammenstoß und Zustände wie Abneigung, Abwehr, Gefahr, Entzweiung und Unglück.

- Die Normen und Werte dazu sind im Volksmund gekennzeichnet durch Attitüden wie: Einen Streit sollte man möglichst vermeiden. Gar nicht erst anfangen. Nicht vom Zaun brechen. Nicht provozieren. Nicht hineingeraten. Aus der Welt schaffen. So treffen zum Beispiel denjenigen Sanktionen, der oder die einen Streit angefangen hat.

▪ Dagegen finden Verhaltensweisen und Haltungen allgemeine Anerkennung, die sich in Redensarten ausdrücken wie: „Ich gehe am liebsten jedem Streit aus dem Weg", „Wir streiten uns nie", „Ich lege mich nicht an", „Ich lass mir nichts gefallen" oder „Nicht ärgern, nur wundern."

▪ Konflikte werden, wenn sie auftauchen, so schnell wie möglich runtergespielt, abgeschwächt, wegdiskutiert oder gar nicht erst wahrgenommen.

▪ Die beim Streiten vorhandenen Gefühle wie Angst oder Verletzungen werden permanent verleugnet, verniedlicht, abgestritten oder insgeheim als Waffe benutzt. Die emotionalen Gefühlsmuster beruhen auf Groll, Trotz, Jammern, Wehleidigkeit, Scheißfreundlichkeit und stillem Vorwurf.

▪ Im Streitgespräch reden mehrere Streitgegner zur gleichen Zeit, mit allen destruktiven Folgen, die sich daraus ergeben, zum Beispiel sich unverstanden, nicht ernst genommen und nicht beachtet fühlen.

▪ Das Streitverhalten zeigt sich überwiegend durch Missachten, Ausweichen, Lügen, Anschreien, verbale und handgreifliche Gewalt, Inszenierungen, Manipulieren, vorwurfsvoller Rückzug sowie Weggehen und die Tür hinter sich zuschlagen.

▪ Streitigkeiten nach unseren jetzigen gesellschaftlichen Riten enden für die Beteiligten meistens unbefriedigend und führen zur Verschlechterung der Beziehung. Die Atmosphäre ist gekennzeichnet von bedrückender Distanz, die häufig mit allerlei Erklärungen „schön geredet" wird.

■ Im Gegensatz zur allgemeinen Abneigung gegen das Streiten und der Angst vor Auseinandersetzungen gibt es die Gruppe derjenigen, die behaupten, beim Streiten Spaß zu haben. Diese Spezis machen sich im Konflikt über den anderen lächerlich, sind auf allgemeinen Lacherfolg ausgerichtet und zudem oft arrogant und überheblich. Zu den so genannten „Konfliktfreudigen" gehören auch die von mir so bezeichneten „Psychoverletzer", die verbal, schnell und treffend unter die Gürtellinie schlagen. Näheres dazu charakterisiere ich eingehend im nachfolgenden Kapitel.

Die oben aufgeführte Sammlung von Begriffen, Sprüchen und Adjektiven zum Streiten kennzeichnet hinreichend den ganz normalen Wahnsinn des Konfliktdenkens und -verhaltens großer Teile unserer Gesellschaft.

Diese Auswahl ist nur ein kleiner Teil dessen, was ich in den Wörterbüchern darüber fand. Dabei lässt sich beim aufmerksamen Hinsehen feststellen, dass die Kultur unseres Streitens von einem wahnwitzigen Negativismus beherrscht wird, denn eigentlich ist es ein Witz und wir müssten realistisch gesehen darüber lachen.

Was den Wahnwitz dieser Feststellung noch verstärkt ist die Tatsache, dass die deutsche Sprache kaum positiv-konstruktive Definitionen zum Thema Streiten anbietet. Die Herrschaft des negativen Denkens zum Streiten nährt sich mit Sicherheit aus dem Mythos des Bösen und Schlimmen. Ihre Wurzeln finden wir nicht weit davon auch in unserer alltäglichen Art und Weise wie wir uns begegnen, anschauen, miteinander reden oder diskutieren. So können wir zum Beispiel beobachten, dass sehr viele Menschen unseres Kulturbereichs bei einem zufälligen Aufeinandertreffen strenge emotionale und körperliche Distanz halten, so als wollte man sagen: „Halt, komm' mir bloß nicht zu nahe." Dabei geht man zumindest innerlich einen Schritt zurück, obwohl keine erkennbaren Gründe vorhanden sind, die Gefahr signalisieren. Hierbei wird der „Mythos des Fremden" mobilisiert. Er bewirkt beim zufälligen Zusammentreffen von Menschen unbewusste Reaktionen und Ängste aus meist verschwommenen irrationalen Vorstellungen heraus. Dieser Mythos ist so alt wie unsere Menschheitsgeschichte und setzt in uns auch bei gefahrlosen Situationen das Signal >Vorsicht!<. Der Volksmund kennt dafür die Erklärung: „Man kann ja nie wissen…!". Diese tief in uns verwurzelte Wachsamkeit und Furcht vor Bösem lässt erahnen, wie viel Panik und Kampfbereitschaft zusätzlich aktiviert werden, wenn wir tatsächlich im Streit angegriffen werden.

Der Negativismus bei zwischenmenschlichen Spannungen zeigt sich noch eindeutiger am Beispiel des >Abwertens<. Wir leben leider, auch wenn gerade keine „dicke Luft ist", in einer Abwerter-Gesellschaft. Ganz im Gegensatz zum Wertschätzen beruht das Abwerten auf dem Herabsetzen dessen, der eine andere Meinung hat als die eigene. Damit wird die gegnerische Person vermindert und das eigene Selbstwertgefühl erhöht. Diese Reizreaktion bei zwischenmenschlichen Beziehungen fällt oft besonders dann deutlich aus, wenn der oder die Andersdenkende nicht anwesend ist. Eindruckvolle Beispiele dieser abwertenden, negativen Streitkultur erleben wir tagtäglich in den Medien. Ein Beispiel dafür sind Politiker und andere Berufsgruppen mit ihrer beleidigenden Kommunikation in der Öffentlichkeit.

Diese Menschen geben als Vorbilder der Nation ein Zeugnis für die Herrschaft des Negativen in unserer Streitkultur und das ganz besonders, wenn die Journalisten anwesend sind. Im normalen Sprachjargon wird dieser Streitstil des Abwertens einer Person nur als Polemik bezeichnet. Die deutsche Sprache hat jedoch für diese Art der Auseinandersetzung noch ganz andere Begriffe, zum Beispiel Böswilligkeit, Unverschämtheit und viele andere. Das offene und direkte Abwerten, aber auch die subtile, sorgfältig spitzfindige Form dieser Verletzungstechnik ist so weit verbreitet, dass man von einer Massenerscheinung reden kann. Der ganz normale Wahnsinn unserer Streitkultur spiegelt sich zudem noch in der Tatsache wider, dass das Abwerten in unserer Gesellschaft immer und grundsätzlich allgemeine Unterstützung und Beifall bekommt.

Der Urgrund dieser Destruktivität zeigt sich im Dilemma unserer Gefühlskultur. Die göttliche Weisheit, die Natur oder was immer wir darunter verstehen, hat uns in ihrer unendlichen Güte für Konfliktfälle mit Emotionen und Affekten genetisch ausgerüstet. Wenn wir sie uns beim Streiten zeigen, mitteilen und mitfühlen geschieht nicht nur der gefühlsmäßige und dynamisch not-wendige Ausgleich der Streiter, sondern wie eine Reihe von wissenschaftlichen Untersuchungen beweist, auch eine direkt darauf folgende faire Sachlichkeit. Diese Gefühlsbereiche nenne ich in meinen Kursen >natürliche Konfliktgefühle<, das sind unsere Angst, die Wut und der Schmerz. (Näheres darüber finden Sie im Kapitel: „Die Basisgefühle bei Konflikten"). Es gehört zu unserem gesellschaftlichen Verständnis vom Streiten, dass wir gerade diese biologisch und sozial notwendigen Gefühle unterdrücken müssen, die uns eigentlich helfen könnten, den Streit zu schlichten und zum Frieden miteinander zu finden. Das ist der grundsätzliche Wahnsinn unserer Normalität bei Auseinandersetzungen. Diesem Wahnsinn habe ich nach langen Beobachtungen Namen gegeben und davon handelt der Teil 2 dieses Buches: „Die vier Streittypen".

Streiten und Gewalt: eine Klärung

Das Thema Gewalt ist der heißeste Gesprächsstoff in Diskussionsrunden, auch schon vor den schrecklichen Ereignissen am 11. September 2001 in den USA.

Im Zeitalter der globalen Information sind wir rund um die Uhr Zeugen von menschenverachtenden Gewalttaten; nicht nur bei Kriegen und Terror, sondern auch im eigenen Land fordert dieses Thema fast täglich unsere Aufmerksamkeit, sei es die Gewalt aus Fremdenhass, die viel diskutierte Gewalt in den Schulen oder die häusliche Gewalt in Ehen und Familien.

Unser gespanntes Interesse gilt zu allererst der *körperlichen oder physischen Gewalt,* das heißt den Verletzungen des Körpers, dem Schlagen von Wunden bis zur lebensgefährlichen Brutalität, also Gewalt gegen Leib und Seele. Denn Gewalt gegen den Leib schadet auch der Seele.

Beim Streiten erleben wir noch eine andere Form der Gewalt.

Es ist die *psychische oder seelische Gewalt.* Vom Lächerlichmachen über Kränkungen, verbale Beleidigungen bis zum Psychoterror und der mentalen Vernichtung des Gegners. Als Beispiel seien hier die Ehe- und Scheidungskriege und das weit verbreitete Mobbing von Mitarbeitern genannt.

Diese nichtkörperliche Gewalt wirkt oftmals auch schädigend auf den Körper. Der Volksmund hat für solche Streitigkeiten klassische Bezeichnungen wie: „Es geht Schlag auf Schlag" oder „Wie du mir so ich dir". Beide Formen der Gewalt, ob körperlich oder psychisch, sind destruktiv und zerstörerisch. Augenblicklich sichtbar ist im Streit nur die körperliche Gewalt, weswegen wir diese Gewalt sofort anprangern. Einer der Gründe dafür ist, dass, wenn beim Streiten geschlagen wird, eine solche Beziehung in unserem Kulturkreis im Grunde beendet ist. Diese Regel widerspricht nicht der Tatsache, dass sich Frauen in Deutschland oft erst nach Jahren gegen die Gewalt ihrer Partner auflehnen und Hilfe suchen. Intimbeziehungen mit körperlicher Gewalt basieren meistens auf gegenseitiger Abhängigkeit von Macht und Ohnmacht (siehe auch: „Anpasser- und Verletzerbeziehungen", Seite 51).

Es ist noch nicht allen Menschen in unserer Gesellschaft möglich, ohne körperliche Gewalt miteinander zu streiten. Die Menschenwürde, und hier besonders das Menschenrecht auf körperliche Unversehrtheit, und die Menschenpflicht zur Unterlassung physischer Gewalt bei Konflikten ist noch immer nicht eindeutig und allgemein gültig definiert. Erst in jüngster Zeit hat der Gesetzgeber die Gewalt in der Ehe zur strafbaren Handlung erklärt. Eine wissenschaftliche Studie belegt es: Wenn in Deutschland Streifenwagen gerufen werden, dann deshalb, weil in drei von vier Fällen hinter Wohnungstüren und in deren Umkreis geschlagen wird. Als Mittel zu akuten Krisenintervention kann die Polizei seit neuestem einen so genannten „Platzverweis für Schläger" aussprechen. Diese rote Karte für Gewalttäter (überwiegend sind es Männer, die Opfer sind Frauen, in 80 Prozent der Fälle auch Kinder) verbietet den Schlägern, die Wohnung und das Umfeld für einige Wochen zu betreten. Diese Beispiele zeigen deutlich, wie sehr bei uns und überall ein Streit noch immer mit körperlicher Gewalt verknüpft ist.

Faires Streiten und körperliche Gewalt schließen sich aus. Wer bei Auseinandersetzungen den Streitgegner körperlich angreift, verliert sein Recht auf eine faire Lösung des Konflikts (siehe auch: „Punkt 1 der Fair-Streitregeln", Seite 110).

Bei handgreiflicher Gewaltanwendung ist die Chance einer friedlichen Lösung zunächst verspielt. Dahinter lauert die Spirale von Hass, Rache, Sieg und Niederlage.

Die psychische oder seelische Gewalt ist beim Streiten dagegen nicht gleich sichtbar, jedoch genau so verletzend wie die körperliche Gewalt. Psychische Gewalt wird spürbar bei „dicker Luft" oder „wenn es einem den Atem verschlägt". Sie wird hörbar bei verbalen Drohungen und seelischer Erpressung, wenn eine Mutter ihrem Kind androht: „Warte nur – wenn der Papa nach Hause kommt, dann gibt es ..." Dies dürfte wohl noch eine sanfte Form der Gewalt sein.

Ich selbst erinnere mich aber sehr genau an die Qual der Angst, die ich als Kind hatte, bis dann abends die Tür aufging. Erst später, nach den Prügeln meines Vaters, ging es mir dann besser, weil sich wenigstens meine Angst auflöste.

Kinder und Erwachsene können mit seelischen Mitteln genauso gequält werden wie mit körperlicher Brutalität. Viel schlimmer als ich es selbst erlebte, erging es mit Sicherheit einem sehr gewissenhaften vierzehnjährigen Mädchen. Sie erzählte mir, wie ihre Mutter sie völlig in der Gewalt hatte, indem sie bei Meinungsverschiedenheiten sofort krank und bettlägerig wurde. Der Vater verstärkte den seelischen Druck auf seine Tochter noch, indem er ihr vorhielt: „Da siehst du, was du wieder angerichtet hast."

Zum Thema Streiten und Gewalt wage ich zwei Behauptungen:

Erstens hat jeder von uns bereits schon psychische Gewalt angewendet und wird das wahrscheinlich wieder tun. Zweitens ist es uns beim Streiten nicht möglich, zwischen bewusst gewollten und ungewollten seelischen Verletzungen zu unterscheiden.

Wir alle haben Angst, verletzt zu werden, und Angst davor, andere zu verletzen. Diese Angst in uns, ist nicht angeboren. Sie entsteht durch Lebenserfahrung während und nach der Geburt bis zum Erwachsenenalter. Körperliche und seelische Verletzungen erleben wir als Gewalt, und mit allerlei Tricks versuchen wir uns möglichst unverletzbar zu machen.

Spannungsgeladene Kommunikation erzeugt jedoch Konflikte und Streitigkeiten mit kleinen und großen Verletzungen, die wir nicht umgehen können. Würden wir es dennoch versuchen, bedeutete dies die Aufgabe unseres Selbstseins mit der Unterdrückung von allem Wünschen und Wollen. Das Ende solcher Bemühungen wären dann Aussprüche wie:

„Ich muss dir leider etwas sagen, aber es darf dich nicht verletzen. Wenn ich dir damit wehtun würde, bitte sage es vorher, dann nehme ich es sofort zurück."

Um nicht verrückt oder schizophren zu werden, müssen wir uns einander zumuten. Dafür hat uns die Natur zu allererst mit Emotionen ausgerüstet, die unsere Seelen viel besser verstehen als die Sprache. Mit dem Austausch der uns angeborenen Gefühle für den Notfall (siehe auch: „Die Basisgefühle bei Konflikten", Seite 95), könnte ein strittiger Dialog ganz anders beginnen, zum Beispiel: „Ich muss dir etwas sagen, was mich ärgert. Es ist deine wiederholte Unpünktlichkeit bei unseren vereinbarten Treffen und ich hatte auch etwas Angst, es dir zu sagen, weil ich dich ungern verletze." Ich möchte es dem Leser überlassen, welchen der beiden Aussagen er mehr Sympathie entgegenbringt.

Psychische Gewalt zeigt sich also in leichten und schweren seelischen Verletzungen und wir können ihr nicht entgehen. Wir sind ihr in Beziehungen aber nicht hilflos ausgeliefert. Seelische Verletzungen können gemindert und geheilt werden. Hierzu ein Beispiel:

Linda war enttäuscht von ihrer Freundin Beate. Sie hatten das Wochenende gemeinsam geplant, doch nun hatte sich Beates Freund mal wieder gemeldet und das warf ihre Pläne über den Haufen. Es kam zum Streit, indem Linda, völlig gefrustet, Beate im Affekt sehr beleidigt hatte. Für Beate war das ein Schlag unter die Gürtellinie und sie sagte es auch: „Dass du enttäuscht bist, kann ich verstehen, aber diese Beleidigung, das war zu viel." Danach war es still und die Spannung zwischen ihnen unerträglich.

Linda ging langsam auf Beate zu, schaute sie an und sagte: „Beate – es tut mir Leid." Danach flossen die Tränen und sie umarmten sich.

Ganz anders reagieren wir auf Verletzungen im Stil der von mir so benannten „Vier Streittypen". Dabei werden in einem Konflikt sofort unsere unbewussten Reaktionsmuster aktiviert, die wir dann nicht mehr unter Kontrolle haben (siehe Teil 2 dieses Buches).

Mit oder ohne Absicht verletzen wir andere seelisch und körperlich, mitunter weit unter der Gürtellinie. So ist es vielleicht schon fast jedem passiert, dass man bei einer Meinungsverschiedenheit einer geliebten Person ganz plötzlich im Affekt eine Ohrfeige gab. Egal ob es uns danach gut oder schlecht geht, wir wenden Gewalt an, sind aber damit im Allgemeinen noch keine Gewalttäter. Diese behaupten nach der Ohrfeige: „Das war nur ein Reflex." Sie schlagen jedoch beim nächsten Mal sofort wieder zu.

Eine sehr subtile Form der psychischen Gewalt ist die Erpressung, besonders jene in Intimbeziehungen. Dazu zwei Beispiele aus der Beratungspraxis:

Einen Ehemann ärgerte es schon lange, dass seine Frau regelmäßig in eine Frauengruppe ging, in der die Frauen persönliche Dinge des Alltags und der Familie miteinander besprechen und sich gegenseitig unterstützen. Eines Tages, es war kurz vor dem ersten Advent, drohte er seiner Frau: „Wenn du da nochmal hingehst, bin ich zu Weihnachten nicht da!" Die Ehefrau blieb daraufhin vor Weihnachten zu Hause und ging erst im neuen Jahr wieder in die Frauengruppe. Die Ehestreitigkeiten aber vermehrten sich.

Beziehungen die auf Erpressung aufbauen, sind in ihrem Inneren schwer gestört und oft nur noch Fassade. Die Angst vor den Folgen einer Trennung lassen gestörte Beziehungen äußerlich noch lange überleben.

Das zweite Beispiel handelt von der Bestrafung durch Liebesentzug. Ein Ehepaar schilderte den Konflikt so:

Der Mann: „Einmal in der Woche gehe ich zum Stammtisch und wenn ich dann völlig stressfrei und gelöst nach

Hause komme, ich trinke kaum oder wenig Alkohol, freue ich mich sehr auf meine Frau, aber sie entzieht sich."

Die Frau: „Wenn du vom Stammtisch kommst, kann ich dich einfach nicht riechen."

Vielleicht würde sich ein solcher Streit ja auch schlichten lassen, wenn der Mann nach dem Stammtisch duschen würde, aber davor scheut er sich. „Abends noch duschen, das mache ich nicht gern."

Werden zwischenmenschliche Probleme nicht offen und direkt ausgetragen, praktische und faire Lösungen immer wieder umgangen, dann sind wiederkehrende Machtspiele und Verletzungen die Folge. Andererseits macht der offene und direkte Austausch von Gefühlen und Affekten ebenso betroffen und tut weh.

Was also ist zu tun? Wenn seelische Verletzungen, das heißt auch psychische Gewalt bei Auseinandersetzungen, nicht gänzlich zu verhindern sind, wie können dann Täter und Opfer besser damit umgehen?

Während körperliche Gewalt offensichtlich leichter zu erkennen, einzuordnen und zu kontrollieren ist, zeigt sich die Verminderung der seelischen Gewalt in Beziehungen mit ihren vielschichtigen Facetten von offenen und verdeckten Formen um ein Mehrfaches schwieriger. Persönliches Unrecht, seelischer Druck, Kränkungen, Verletzungen erleben wir alle unterschiedlich. Jeder und jede von uns reagiert emotional im Streit auf seine ureigene persönliche Weise und nicht nur das. Unser emotionales Nervenkostüm zeigt sich täglich in anderer Verkleidung und die Stimmungen wechseln mit jedem Streitgegner. Also kann nur unser individuelles und subjektives Erleben der Maßstab dafür sein, wo wir verletzlich sind. Diese Tatsache macht eine objektiv überprüfbare und verbindliche Bewertung seelischer Verletzungen unmöglich.

Die Schlussfolgerung muss also lauten:

Um Gefühle, Emotionen und Affekte können wir nicht streiten. Wir sollten sie fühlen und ausdrücken, doch dann „zur

Sache" kommen. Die Weisheit im Volksmund hat dafür eine Botschaft:

„Lass uns doch bitte sachlich bleiben", jedoch mit dem Beisatz „mit allen unseren Gefühlen" (siehe auch: „Die drei Schritte des fairen Streitens", Seite 116 ff).

Eine andere Möglichkeit zur Verminderung von psychischer Gewalt ist, immer bei sich selbst anzufangen. Das heißt: „Eigene Kränkungen eher und sensibler wahrzunehmen." Vielleicht ist dazu hilfreich, sich ein kleines Tagebuch der Verletzungen anzulegen (täglicher Eintrag: Was hat mich heute verletzt?) und mit Freunden darüber zu reden. Eine Erweiterung dieser Selbstbeobachtung wäre die Bitte um Rückmeldung von Partnern und Freunden, sollten sie durch uns verletzt werden. Je mehr wir darüber im Gespräch mit uns selbst und anderen bleiben, entreißen wir das Thema „Streiten und Gewalt" dem allgemeinen Tabu und stellen uns der Frage: „Wie streite ich eigentlich?"

Teil 2

Die vier Streittypen

Jeder, der schon Auseinandersetzungen erlebt hat, kennt diese Situation:

Während eines Streites hat man plötzlich das Gefühl, *„das bringt nichts, so kommen wir nicht weiter"* und man wird zunehmend unzufriedener. Die Argumente wiederholen sich und der Kreislauf von Erklärungen, Rechtfertigungen und Schuldzuweisungen geht ständig weiter. Am Ende ist man verstimmt und sauer und man trennt sich ohne eine konstruktive Lösung.

Solche destruktiven Streitigkeiten verlaufen fast immer nach einem leicht erkennbaren System von Streitmustern, die andauernd wiederkehren. Nach genauen Untersuchungen unterscheide ich vier Typen. Ich benenne jeden Einzelnen als einen

>destruktiven Streittyp<.

Der persönliche Streittyp wird davon bestimmt, wie wir uns beim Streiten verhalten, wie wir unseren Gefühlen und Affekten Ausdruck geben und wie wir grundsätzlich über das Streiten denken. Daraus ergibt sich, ob wir zum Beispiel:

1. um des lieben Friedens willen eher nachgeben,
2. gegen das Unrecht fortwährend aber oft vergeblich ankämpfen,
3. rücksichtslos und um jeden Preis klare Verhältnisse schaffen
4. oder prinzipiell niemals streiten.

Anpasser	**Motzer**
Nichtstreiter	**Verletzer**

Im ersten Falle neigt man zum Streittyp des Anpassers / der Anpasserin.

Wenn man jedoch kämpferisch für seine Sache einsteht, weil man sowieso immer Recht hat, aber andauernd gegen Ungerechtigkeiten rebelliert, nennt der Volksmund dieses Verhalten: „Motzen".

Falls man aber seine Ziele ohne Rücksicht verfolgt und dabei auch „über Leichen geht", wird man andere oft empfindlich verletzen.

Für den vierten Typ stellt sich die Frage, ob Konfliktvermeidung durch Nichtstreiten die einzige sinnvolle Strategie ist.

Die meisten Menschen neigen dazu, destruktiv zu streiten. Auch wenn wir ansonsten unser Leben konstruktiv gestalten und die Probleme bewältigen, bei persönlichen und direkten Auseinandersetzungen gelten andere Gesetze. Im Streit verfallen wir in Verhaltensweisen, die wir oft nicht für möglich gehalten hätten. In solchen Situationen zeigt sich, dass Emotionen und Affekte stärker sind als die Ratio und das, was wir als Kinder über Konflikte gelernt haben.

Die überwiegende Mehrzahl aller Konflikte werden in unserer Gesellschaft nach diesen vier Streittypen ausgetragen. Das gemeinsame Hauptmerkmal der vier Typen ist ihre Destruktivität, die jedoch in der Regel abgestritten wird. Ihre grundlegende Haltung gegenüber dem Kontrahenten ist abwertend und negativ. Durch *„das Sich-im-Stillen-besser-fühlen als der andere"* wird das eigene, leicht kränkbare Selbst aufgemöbelt und der nagende Selbstzweifel maskiert. Die Suche nach Anerkennung gipfelt häufig in Selbstüberschätzung oder im latenten, leicht depressiven Grundgefühl. So fehlt es allen vier Typen beim Streiten generell an gegenseitiger Wertschätzung und der Fähigkeit, anderen aufmerksam und mitfühlend zuhören zu können. Immer wieder fordern sie ein: „Ich will doch nur verstanden werden." Wirkliches Verstehen ist aber im Konflikt für sie nicht möglich, weil sie meistens alle gleichzeitig reden. So fühlen sie sich beim

Streiten immer unverstanden und müssen folglich fortlaufend um ein und dieselbe Sache ringen.

Gestritten wird mit „unechten Gefühlen" oder Gefühlsmaschen, weil die permanente Angst vor Verletzungen sonst nicht auszuhalten wäre. Eigene unangenehme Gefühle, wie zum Beispiel der Schmerz, das Leid, Ärger und Wut, werden auf den Streitgegner projiziert und ihm dann zum Vorwurf gemacht (siehe auch „Ersatzgefühle", Seite 105).

Das alles geschieht völlig unbewusst, weil der Organismus sich auf jeden Fall von unangenehmen Gefühlen zu befreien versucht. Für Streiter und Streiterinnen im Stil der vier Typen gibt es am Ende keine konstruktive Problemlösung und somit gehen sie auch nicht im Guten auseinander. Hier meine zentrale Definition eines der vier Typen:

Ein destruktiver Streittyp ist die Summe bestimmter, beobachtbarer, sich wiederholender, verbaler und taktiler Kommunikationsmuster beim Streiten. Die Muster beruhen auf angelernten, inneren negativen Einstellungen, Grundhaltungen, Botschaften und unechten Gefühlsmaschen.

Der Anpasser

Anpasser	**Motzer**	**Sein Streitverhalten**
		Seine Empfindungen und Gefühle
Nichtstreiter	**Verletzer**	**Seine Einstellungen und Botschaften**

Der Anpassertyp streitet nicht gern. Im Grunde ist „Er" oder „Sie" ein friedliebender Mensch, mit dem man eigentlich keinen Krach kriegen kann. Genauer gesagt, ist richtiges Streiten mit ihm gar nicht möglich, weil er es dem anderen immer recht machen will. So richtet er sein Verhalten möglichst so aus, dass es von anderen nicht beanstandet werden kann. Ein Anpasser ist auf Korrektheit bedacht, und deshalb versucht er sich auch meistens genau an vorgegebene oder vereinbarte Regeln zu halten. Wird er dennoch mal auf eine Unkorrektheit aufmerksam gemacht, was man ihm verzeihen würde, weil einfach niemand ganz fehlerfrei sein kann (zum Beispiel eine kleine Unpünktlichkeit oder Er/Sie hat etwas vergessen), zeigt der Anpasser sich umgehend einsichtig und entschuldigt sich mehrfach, nicht selten überschwänglich.

Bei Meinungsverschiedenheiten gilt die Aufmerksamkeit des Anpassers der Wiederherstellung einer friedlichen Atmosphäre. Eine vorübergehend distanz-schaffende Spannung, in jedem Streit eine völlig normale Phase, ist von ihm kaum auszuhalten. In diesem Fall versucht er sofort alles Erdenkliche, um die Spannung zu beseitigen oder möglichst gar nicht erst aufkommen zu lassen. Der Anpasser ist ohne Zweifel harmoniesüchtig. Bei Auseinandersetzungen – wenn sie gar nicht zu vermeiden sind – hört er zu, hält sich zurück, nickt zustimmend und manchmal auch dann, wenn er ganz anders über das Problem denkt. Im offenen Streit sagt er dann zwar seine Meinung, zeigt sich jedoch schnell einlenkend und nachgebend, obwohl er sich insgeheim im Recht fühlt. Dieses innere Besserwissen gipfelt nicht selten in einem Hochmut, den Er oder Sie sich jedoch niemals zugeben würde.

Geht der Streit für einen Anpasser ungünstig aus, zum Beispiel weil Er oder Sie sich nicht genügend durchsetzen konnte, ärgert er sich anschließend vor allem über sich selbst und macht sich Vorwürfe. Wenn sein Ärger über den anderen überwiegt – was er ihm freilich nicht direkt sagen kann –, wischt er ihm lieber später heimlich eins aus.

Anpasser geben sich verständnisvoll und geben nach, denn sie wollen eigentlich nur ihren lieben Frieden haben. Das gilt auch für die tatkräftig >**engagierten Helfer**< des Anpassertyps, die im Konfliktfalle mit rettenden Ideen schnell bei der Hand sind. Manche Vertreter dieser Kategorie zeigen sich dem Gegner gegenüber sogar dann noch hilfsbereit, wenn dieser sie kurz vorher noch zurückgewiesen oder gar verletzt hat. Im besten Falle lächelt er still bei sich und denkt: „Der Blödmann".

Anpasser zu sein heißt, sich nicht nur der Meinung und dem Willen des Kontrahenten einfach unterzuordnen. Es ist auch die Kunst, dem anderen behilflich sein zu können und im Stillen ganz anders zu denken. So kommt es aber auch vor, dass dieser Streittyp sich nach einer Auseinandersetzung ganz ohne schlechtes Gewissen anders verhalten kann, als er es bei der Konfliktlösung zugesagt hat. Darauf später angesprochen, zeigt er freilich darüber kein Schuldgefühl, denn er „hat es ja nur gut gemeint".

Das Streitverhalten des Anpassers ist geprägt durch innere Glaubenssätze wie: „Der Klügere gibt nach!" oder „Es hat ja doch keinen Zweck!" Einem Freund gegenüber äußert er solche und ähnliche Sprüche auch wortwörtlich. Mit dieser Einstellung stabilisiert er sein Minderwertigkeitsgefühl, fühlt sich in seiner Haltung bestärkt und der Streitgegner wird innerlich auf das Normalmaß zurückgestutzt. Eigene aggressive Impulse und Gefühle von Wut und Zorn lassen sich damit leichter unter Kontrolle halten. Passiert es aber dennoch, dass die Affekte des Anpassers überhand nehmen und er dem Gegner Vorwürfe machen muss, zeigt er sich gleichzeitig eigenartig unterwürfig. Dann fallen Sätze wie: „Dir kann auch keiner was recht machen!" oder „Hab ich nicht immer alles für dich getan?" An dieser Grenze zur Vorwurfshaltung kommt der Anpasser dem Typ des Motzers nahe.

Der Anpasser hat eine riesige Angst vor Spannungen, kann aber seine Ängste nicht direkt benennen. Er ist eher diffus-ängstlich und häufig auch zögerlich-abwartend, bis etwas geschieht, was ihn im Streit oder bei Auseinandersetzungen retten und ihm helfen könnte. Im Gegensatz zum oben erwähnten >engagierten Helfer< entwickelt dieser Typ des Anpassers im Ernstfall eher defensive Strategien beim Streiten. Ich nenne ihn, wegen seinem permanent sichtlich nach Innengekehrtsein, den >**Depressivgestimmten**<.

Eine häufige und sehr erfolgreiche Vorgehensweise des depressivgestimmten Anpassers ist die Wehleidigkeit. Seine spezielle Art zu jammern, eingeschnappt zu sein und sich zu beklagen bleibt auf keinen Mitstreiter ohne Wirkung, weshalb andere nicht ganz ohne Recht sein Verhalten als ein Machtspiel bezeichnen. Dieses sein eindrucksvolles Gekränktsein schafft zumindest vorübergehend Beachtung und Zuwendung. Auf dieser unbewusst vorgetäuschten Schmerzebene erzielen Anpasser ihre größten Streiterfolge, die aber in der Regel nicht lange anhalten. So muss ein solcher Anpasser mit dem leidigen Klagen immer wieder neu Mitleid suchen, bis er am Ende seinen Willen bekommt. Aber auch danach will bei ihm die richtige Freude nicht aufkommen. Vielleicht liegt es daran, dass Er oder Sie zu häufig >Ja und Amen< zu sagen gelernt haben und deshalb einem Streit lieber aus dem Weg gehen.

Beide Kategorien des Anpassers, der >**engagierte Helfer**< und der >**Depressivgestimmte**<, sind unbewusste Strategien zur Auflösung von Spannungssituationen. Die Grundlage dafür sind Persönlichkeitsmerkmale, die von Person zu Person verschieden sein können. Manche Anpasser haben beide Strategien zur Verfügung. In der Regel zeigen sie sich zuerst engagiert-helfend und wenn diese Strategie nicht erfolgreich ist, gehen sie zur Wehleidigkeit über.

Der Motzer

Anpasser	Motzer	**Sein Streitverhalten**
		Seine Empfindungen und Gefühle
Nichtstreiter	Verletzer	**Seine Einstellungen und Botschaften**

Mit einem Motzertyp kann man leicht in Streit geraten. Aber keine Angst, er wird nicht gewalttätig, zumindest nicht gegen Erwachsene. Eher wendet er sich beleidigt und hochnäsig ab und lässt den Gegner einfach stehen. Es geht ihm auch nicht darum, ein strittiges Problem zu lösen. Vielmehr möchte er nur seine persönliche Meinung kundtun, auch wenn andere diese nicht immer hören wollen. So geht er einer direkten Auseinandersetzung in der Regel nicht aus dem Wege und zeigt sich oberflächlich konfliktbereit. Es fällt ihm jedoch schon zu Beginn eines Streites sehr schwer, dem Streitpartner wirklich zuzuhören und ihn ausreden zu lassen. Man hat von ihm schnell den Eindruck, dass er sich vor allem selbst gern schimpfen hört und überhaupt alles besser weiß. Seine stärksten Waffen beim Streiten sind: die Rechtfertigung des eigenen Verhaltens und die permanente Schuldzuweisung an den Streitgegner.

Die Lebensmaxime des Motzers ist deshalb: „Ich hab' Recht und du hast Schuld!" – und danach lebt er.

Wird er mit seinem destruktiven Streitverhalten konfrontiert, benutzt er vorübergehend andere Waffen. Zum Beispiel seine schlagkräftigen, zum Teil überzeugenden Argumente auf der Sachebene oder er wiederholt, wie gehabt, den verbalen Angriff. Dabei schreckt der Motzer gelegentlich auch vor falschen Behauptungen und Beleidigungen nicht zurück. Im Ernstfall schwächt er sie später wieder etwas ab mit den Worten wie: „Das hab' ich doch nicht so gemeint." Und so kehrt er dann zu seiner beliebten Rechtfertigungstaktik zurück. Aber entschuldigen würde er sich für Falschaussagen oder Beleidigungen nicht und nur unter großem Druck und wenn es Zeugen gab.

Der Motzer ist ein Meister des Abstreitens, weil er immer von seiner Unschuld zutiefst überzeugt ist und dies fortwährend beteuern muss. Auf Vorhaltungen eines offensichtlichen Fehlverhaltens reagiert er taktisch klug, erst einmal mit einem Staunen, dann mit strikter Abweisung und der nachfolgenden Gegenerklärung. So hat ein Motzer wie selbstverständlich immer was zu meckern.

Seine Streitenergie reicht aus für ein stundenlanges >motziges Hin und Her<. Das ist seine Art der notwendigen Affektabfuhr eines in ihm angelegten hohen Aggressionspotenzials, dass er konstruktiv und fair einzusetzen jedoch nicht lernen konnte. Seine primären Vorbilder für das Streiten waren nämlich mit Sicherheit ebenfalls Motzer und diese sind nach seinem inneren Bild mit dem Streitstil „Motzen" immer wieder einigermaßen durchs Leben gekommen.

Äußerlich erkennen wir diesen Streittyp vor allem an seiner oft gestenreichen Körpersprache, die in Ausdruck und Haltung nur eines zum Ziel zu haben scheint: den Zuhörer zu überzeugen. Eindringlich und häufig lautstark wiederholt er sich immer wieder mit seinen Vorwürfen, als wenn er es spürt, dass sein Gegenüber ihn eigentlich nicht ernst nimmt.

Und wie geht ein Motzer mit seinen Gefühlen um? Man könnte sagen, nicht gerade zimperlich. Angst kennt er kaum oder nur in der Erinnerung an seine Kindheit, und wenn Angst spürbar aufkommt, wird schnell darüber hinweggeredet. Eine Grundhaltung, die sich vor allem Männer dieses Typus sehr früh eingeprägt haben ist: „Ein Indianer kennt keinen Schmerz" Dagegen spricht allerdings, dass der Motzer auch verletzt und eingeschnappt sein kann. Diese Eigenschaften teilt er mit dem Anpasser. Ansonsten zeigt sich der Motzer bei Konflikten mehr trotzig und voller Groll, was mit dem natürlichen Ausdruck von Ärger und Zorn freilich nichts zu tun hat. Als achtsame Zuhörer unterscheiden wir sehr schnell die emotionalen Ebenen von so genannten echten und unechten Gefühlen (siehe dazu auch „Bist du echt oder unecht?", Seite 108).

Der Motzer ist ein leidenschaftlicher Verfechter von Recht und Ordnung und verhält sich beim Streiten selbst eher autoritär. Im Gegensatz dazu werden von ihm aber vermeintliche Autoritäten gern mit Schimpf und Schande übergossen, vor allem wenn sie nicht anwesend sind. In dieser doppelten oder paradoxen Identifizierung spiegelt sich das unbewusste Bild einer geliebten und gleichzeitig gehassten Vaterfigur.

Hat der Motzer genug gestritten, ist er sogar für eine Problemlösung zu haben, am leichtesten dann, wenn der Lösungsvorschlag von ihm selbst kommt. Ein Gefühl der Freude kommt bei ihm aber erst dann auf, wenn jemand mit ihm gleicher Meinung ist. Dann wird der Motzer zum Kumpel. Aber Vorsicht! Eine solche Freundschaft muss bei ihm nicht lange dauern.

Der Verletzer

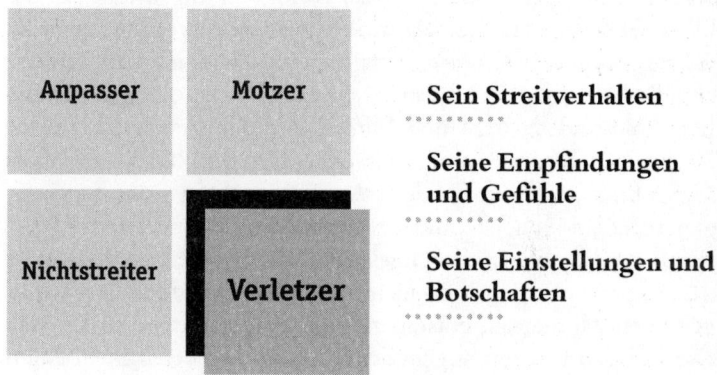

Auch in einem heftigen destruktiven Streit halten wir uns, mit wenigen Ausnahmen, an Grenzen, die wir nur in äußerster Not überschreiten. Eine davon ist die Schamgrenze, besonders gegenüber nahe stehenden Personen. Ich konnte diese Schamgrenze bei Motzern, Anpassern und Nichtstreitern gleichermaßen beobachten mit der Frage, warum sie im Streit dem anderen ihre wahren Gedanken und Gefühle oftmals nicht mitteilen. Die Spontanantwort war bei 75 Prozent der Befragten verblüffend ähnlich und mündete in der Aussage: „Streiten ja, – aber ich will andere dabei nicht verletzen."

Solche Schamgrenzen kennt der Verletzer nicht. Angst, Schmerz oder moralische Bedenken sind für ihn Fremdworte. Daher gehören auch Aussagen wie: „Das hat mich verletzt" nicht zu seinem Sprachgebrauch.

Die meisten Verletzer geben vor, sich im Konflikt immer gut zu fühlen. Eigene Konflikte existieren nicht und Kritik von anderen steckt er cool weg mit Lachen. Da er Gefühle von Betroffensein und Kränkungen bei sich selbst nicht als solche empfinden

35

kann, d. h. nicht fühlt, ist er auch nicht in der Lage, bei anderen Menschen solche Gefühle zu identifizieren und mitzuempfinden oder gar andere vor seinen Verletzungen zu schützen.

Ich nenne diesen Zustand eines Menschen >emotionale Unschuld<. Auch wenn der Verletzer damit schuldig wird, es ist die Unfähigkeit, die von der Natur in uns angelegten Emotionen zu fühlen, und ich meine, dass wir dieses Phänomen in unserer Gesellschaft schon als Massenerscheinung haben. Die emotionale Unschuld und das fehlende Mitgefühl des Verletzers darf nicht zu der Annahme verleiten, dieser Streittyp sei ohne Gefühle. Er hat Gefühle – aber nur andere. Auch er erlebt in spannungsgeladenen Situationen wie andere Menschen hin und wieder Hilflosigkeit oder ein >In-die-Enge-getrieben-sein< (psychologisch ist das Angst), was er jedoch nicht als solche empfindet. Der aber in diesen Momenten entstehende enorme affektive Druck verwandelt sich bei ihm augenblicklich oder zeitverzögert in einen zerstörerischen Hass, der sich nicht selten in Gewalt äußert.

Vor diesem Hintergrund erst ist zu verstehen, dass ein Verletzer beim Streiten den Kontrahenten völlig unschuldig, d. h. frei von Bedenken oder schlechtem Gewissen, verletzen kann. Das Fehlen von Schuld beim Verletzer erklärt, warum er im Streit nicht gegen andere mit Schuldzuweisungen argumentiert und folgerichtig auch gar nicht das Mittel der Rechtfertigung benutzt wie vergleichsweise ein Motzer. Damit wird psychologisch ebenso verständlich, dass Verletzer nicht verzeihen können, weil ihnen das Gefühl der Schuld dazu ganz einfach fehlt.

Ein Mensch dieses Streittyps ist nicht nur durchdrungen von Durchsetzungskraft, weit mehr noch, er ist die aggressive Durchsetzung schlechthin selbst (siehe auch das „Leitmotiv"; Seite 46). Mit dieser >Lust an der Macht< ist er identifiziert. Nach außen sichtbar, in meist aufrechter Körperhaltung und einer seltsamen Mischung zwischen freundlichem Lächeln, Gefühlskälte und Geringschätzung, hat sein Blick oft kurzen Kontakt zum Gegner, wenn er im Streit zum Angriff übergeht. Der Verletzer hat eine hochsensible Wahrnehmung von kleinsten Unstimmigkeiten und

Schwächen seines Gegenübers. Aus dieser Haltung stellt sich für ihn auch nie die Frage, wer den Kampf letztlich gewinnt. Ein Verletzer muss immer gewinnen. Ihn treibt die Gewinnsucht. Konstruktive Spannungen zu einem fairen Ausgleich und Konsens beim Streiten sind für ihn nicht auszuhalten. Ein Verletzer ist konsensunfähig! Mit ähnlich starken Partnern kommt es daher schon bei Meinungsverschiedenheiten oft und überraschend plötzlich zu einem eindrucksvollen und gewaltigen, zumindest verbalen Schlagabtausch. Dabei sind die Sätze wie Schwerthiebe, kurz und präzise, die Worte klar, rhetorisch eindrucksvoll und gezielt eingesetzt. Auch wirkungsvolle Kurzpausen gehören zu diesem Repertoire. Auf ihre Strategie angesprochen, verletzen sie „niemanden direkt", vielmehr kämpfen sie „nur um Klarheit". Die klassischen Modellpersonen für Verletzer erleben wir häufig auf den Bühnen der Öffentlichkeit, in der Politik und den Chefetagen, denn Menschen wie sie streben immer nach Führungspositionen.

Eine Schattenseite dieses Typs ist: Er negiert jede fremde autoritäre Instanz und lässt sich in der Regel auch nicht dazu herab, auf einen Konfliktpartner zuzugehen. Seine dementsprechende Grundhaltung beruht auf den Satz: „Komm her, wenn du was willst!" Ansonsten gilt für ihn bei Auseinandersetzungen die Basisbotschaft: „Hau ab!" oder „Mach, dass du wegkommst!" Geht ein Verletzer dann doch mal im Konflikt auf einen Gegner zu, droht immer Gefahr, den anderen zu schädigen oder zumindest verbal zu verwunden. In solch einer Situation hat sein Streitgegner meistens ein diffuses Gefühl von Bedrücktsein, falls er nicht selbst ein Verletzer ist. Ein Streit mit einem Verletzer hat nicht selten schwerwiegende Folgen. Diese reichen zum Beispiel von >einfach mal kurz zuschlagen<, das heißt Körperverletzung, die mentale Vernichtung des Gegners über den rücksichtslosen Abbruch einer Beziehung bis hin zum Streit mit Todesfolge.

Da manche Verletzer kaum oder nie körperlich gewalttätig werden, sah ich mich bei genauerer Analyse gezwungen, diese Tatsache in meiner Typologie zu berücksichtigen. Deshalb unterscheide ich diesen Typ in zwei Kategorien bei gleichzeitiger Annahme von fließenden Übergängen.

Ich nenne die beiden Kategorien den >**Körperverletzer**< und den >**Psychoverletzer**<, gleichwohl der Körperverletzer in der Regel auch psychisch verletzt. Beide Verletzer verbindet die Ausübung von Gewalt, weswegen ich sie in meinem Modell der vier destruktiven Streittypen letztlich nicht unterscheide. Was die beiden Verletzerkategorien trennt, ist die Fähigkeit bzw. Unfähigkeit zur Selbstkontrolle in äußerster Not. Während der Körperverletzter bis hin zum kriminellen Gewalttäter >einfach ausrastet<, weil er nicht anders kann, nimmt sich der Psychoverletzer im Ernstfall in strenge Selbstkontrolle, wahrscheinlich nicht ohne ein Hassgefühl, mit dem er sofort den nächsten vernichtenden Angriff plant. Ob er bei einem Streit gewinnt oder auch mal verliert, am Ende verlässt er den Ort des Geschehens immer mit dem gleichen Gefühlsausdruck im Gesicht: einem Lächeln – was sonst.

Natürlich können Verletzer auch sehr lieb sein. Sie nehmen sogar für sich in Anspruch, sehr „friedliebend" zu sein. Ihr Charme ist dann umwerfend, doch bei der kleinsten Spannung stellen sich sofort wieder ihre Stacheln, denn Menschen wie sie fühlen sich im höchsten Maße selbst verletzt. Auch gegenüber Freunden reagieren sie dann auf die leiseste Kritik fast mimosenhaft überempfindlich.

Liebevolle Nähe mit ihnen ist nur bei sehr großem Vertrauen oder Unterwerfung möglich. Ansonsten reagieren sie auf körperliche Berührungen abrupt allergisch. Solche Verletzer können dann sogar weinen, wenngleich derartige Körperreaktionen kurzweg als chemische Prozesse abgetan werden. Zum Beispiel beschrieb eine Frau im Gespräch mit mir die schwierige Kommunikation mit ihrer Arbeitskollegin. Dabei sah ich, dass ihr die Tränen über die Wangen liefen und ich teilte ihr meine Wahrnehmung einfühlsam mit. Ihr kurzer Kommentar dazu: „Ach, das ist nur etwas Wasser", und sie entfernte „diese Feuchtigkeit" wie einen Fremdkörper. Gleich darauf ging sie wieder zum Angriff über – diesmal gegen mich, denn ein Verletzer hat immer auch gleich die Botschaft im Mund: Komm' mir bloß nicht zu nahe, sonst passiert was."

So, wie der Anpasser süchtig ist nach Harmonie, ist der Verletzer süchtig nach Spannung und Macht. Ihn treibt die Streitsucht, wenn er, wie viele Verletzer es tun, behauptet: „Streiten macht Spaß!", das heißt für ihn: >Lustgewinn durch Verletzen< bei gleichzeitigem Selbstunverletzbarsein. Menschen wie der Verletzer, oberflächlich harmonieorientiert, mit manchmal fast autistischen Zügen, haben die Spielregeln dieser Gesellschaft erschreckend wunderbar gelernt. Arno Grün, ein bekannter Psychoanalytiker und Psychiater, schreibt in seinem Buch:

>Der Wahnsinn der Normalität<, „Wenn Schmerz, Kummer, und Hilflosigkeit verleugnet werden, weil sie als Schwäche gelten, dann wird die innere Welt ausgeschaltet und vom Getriebe des alltäglichen Lebens abgekapselt."

Der Nichtstreiter

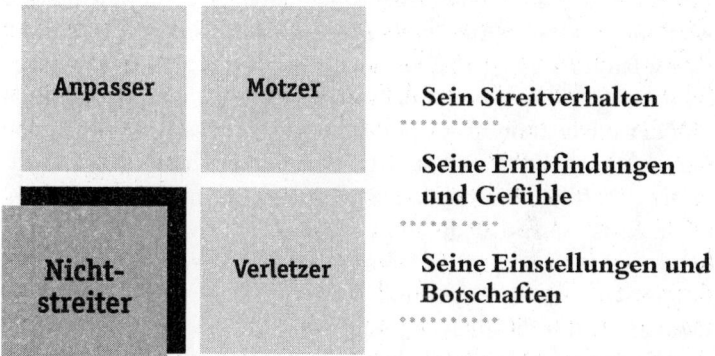

Anpasser	Motzer	**Sein Streitverhalten**
Nicht-streiter	Verletzer	**Seine Empfindungen und Gefühle**
		Seine Einstellungen und Botschaften

Wenn es nach ihm ginge, könnte das Wort „Streiten" aus dem menschlichen Sprachgebrauch gestrichen werden, denn der oberste Glaubenssatz des Nichtstreiters lautet: „Streiten ist Zeitverschwendung. Jedes Problem kann sachlich gelöst werden." Das ist nicht nur seine ehrliche Überzeugung, er zeigt auch in seinem Verhalten, wie eine solche Einstellung gelebt werden kann. Ein Nichtstreiter streitet sich nie, das überlässt er grundsätzlich anderen. Etwaige Meinungsunterschiede werden von ihm sachlichnüchtern ausgetragen, das heißt ohne Gemütsbewegung. Sein Blick richtet sich allein auf die Lösung eines Konflikts.

Diese Taktik – aus dem Glauben an die technische Machbarkeit alles Menschlichen – hat im Laufe dieses Jahrhunderts eine Streitkultur ins Leben gerufen, die jeder kennt unter dem Leitsatz: „Cool bleiben". Der dazugehörige Streittyp ist in der Geschichte der jüngste der vier destruktiven Streittypen, fühlt sich emotional kalt an, entsprechend dem englischen Wort „cool", deutsch = kühl, sachlich. Nicht zu verwechseln mit Jugendlichen, die, weil es „in" ist, gern cool sein wollen, aber dennoch sich voller Gefühle zeigen. Für den Nichtstreiter sind Gefühle menschlicher Luxus. Sie passen nach seinem Verständnis von effektiver Kommunikation nicht in eine moderne Gesellschaft, die an Leistung und Gewinnmaximierung orientiert ist. Auch für private Beziehungen bewertet er den affektiven Gefühlsausdruck im Konfliktfalle als überflüssig und zeitraubend. Seine persönliche Meinung über den Austausch von Gefühlen wird deutlich in der Grundhaltung: „Sich streiten bringt nur Ärger." Selbst in einer emotionsgeladenen Atmosphäre einer Auseinandersetzung zeigt sich der Nichtstreiter völlig unbeeindruckt. Etwaige Gefühle von Verzweiflung, Hilflosigkeit, Wut und Enttäuschung beim Streitpartner werden von ihm fast regungslos oder mit Staunen registriert. Er ist scheinbar durch nichts in der Welt aus der Ruhe zu bringen. Das hat unter anderem zur Folge, dass sein Gegenüber oft umso mehr in Rage gerät (siehe auch Kapitel: „Du ziehst mich an – du stößt mich ab", Seite 53).

Die Reaktion eines Nichtstreiters auf den Gefühlsausdruck des Streitgegners ist eher von überheblichem Unverständnis geprägt und nachfragend wie: „Muss das sein?" Nur in Ausnahmefällen zeigt er einen Anflug von Verständnis dafür, dass es Menschen gibt, die sich Gefühle leisten. Der Nichtstreiter selbst zeigt grundsätzlich keine Emotionen und ist auch im Extremfall kaum erregbar. Er ist leidenschaftslos und über Gefühle erhaben. Nicht nur beim Streiten, leider oft auch in der Liebe. Ein minimaler Ausdruck von Erregung ist bei ihm nur selten zu beobachten, eine Ausnahme wäre, wenn sein Computer streikt.

Nicht nur die aggressiven Gefühle wie Wut und Ärger sind für den Nichtstreiter tabu, auch das Fühlen und Ausdrücken von seelischem Schmerz, Trauer und Angst sind ihm gänzlich unmöglich. Das Ausmaß, in dem Menschen wie er Gefühle zurückhalten, ist kaum zu beschreiben und wird nur deutlich an seinen möglichen gefährlichen Folgen. Die Gefahr für ein Leben ohne emotionale Beteiligung, nicht nur in Spannungssituationen für solche Streiter, ist letztlich der Rückzug in ein inneres Gefängnis der Einsamkeit bis hin zu völliger Isolation, mitunter auch von Intimpartnern. Extreme Nichtstreiter leben gefährlich, denn wenn die Behauptung „Gefühle sind Luxus" sich als Irrtum erweisen sollte und unter dem strengen Verschluss der Ratio sich ein hochexplosives Gemisch von Angst und Hass ansammelt, dann kann diese Energie explodieren.

Deswegen werden Nichtstreiter in äußerster innerer Not manchmal zu Verletzern und dann auch gewalttätig. Aber nicht alle! Am leichtesten leben noch diejenigen dieses Typs, die andere Nichtstreiter oder Anpasser zum Intimpartner haben. In solch einem Falle können dann beide mit Überzeugung behaupten: „Bei uns wird nicht gestritten." Aber was, so müssen wir fragen, ist der Preis dafür?

Übersicht

Im Studienvergleich sind die wesentlichen Merkmale gegenübergestellt.

Es wird unterschieden zwischen:

1. dem Streitverhalten eines Streittyps,
2. dem inneren Empfinden und Gefühlsausdruck,
3. den Einstellungen und Botschaften.

Anpasser

Geht einem Streit lieber aus dem Weg

Versucht es dem anderen recht zu machen

Ist nachgebend

Will Spannungen sofort beseitigen

Macht sich Selbstvorwürfe

Sagt zu allem >Ja und Amen<

Wischt dem Streitgegner heimlich eins aus

Motzer

Hat immer was zu meckern

Weiß alles besser

Eindringlich lautstark

Droht, wird aber nicht gewalttätig

Leidenschaftlich um Gerechtigkeit kämpfend

Zieht hochnäsig und beleidigt ab

Nichtstreiter

Streitet nie

Rein rationale Kommunikation

Sachlich-cool, ohne Gefühle

Leidenschaftslos

Durch nichts aus der Ruhe zu bringen

Zeigt sich erhaben-überheblich

Will nur Problem lösen

Verletzer

Verletzt psychisch, verbal und/oder körperlich

Konsensunfähig

Steckt Kritik weg mit Lachen

Gewinnsüchtig, rastet aus

Schädigt, verwundet

Gewalttätig

2. Empfindungen und Gefühlsausdruck

Anpasser

Äußerlich freundlich, innen voller Angst

Richtet Ärger gegen sich selbst

Be-klagt sich mit Weh-leidigkeit

Ist jammernd und Mitleid suchend

Harmoniesüchtig

Fühlt sich innerlich im Recht

Motzer

Streitet emotional aktiv

Permanent anklagend

Voller Groll und Trotz

Fühlt sich generell unschuldig

Immer auf der Suche nach Autoritäten, gegen die er motzen kann

Nichtstreiter

Zeigt sich gefühlsmäßig unbeeindruckt

Innerlich ohne Regung

Fühlt sich emotional kalt an

Unterdrückt aggressive Gefühle und Angst

Spricht höchstens mal von: „Bedenken"

Verletzer

Lust an der Macht

Süchtig nach Spannung

Unfähigkeit, eigenes Betroffensein zu fühlen

Unterdrückt Angst und Schmerz

Voller Hass und Abscheu

Hasst sich selbst

Gibt vor, sich immer gut zu fühlen

Anpasser	**Motzer**
„Der Klügere gibt nach"	Schimpf und Schande auf den Gegner
„Ich tu' doch alles für dich"	„Ich hab' Recht und du hast Schuld"
„Dir kann auch keiner was recht machen"	„Auf mich hört ja keiner!"
Denkt im Stillen: „Der Blödmann"	„Siehst du, dass ich mal wieder Recht habe!"

Nichtstreiter	**Verletzer**
„Gefühle sind Luxus"	Streiten macht Spaß
„Streiten ist reine Zeitverschwendung"	„Komm her – wenn du was willst"
„Sich streiten bringt nur Ärger"	„Mach', dass du wegkommst"
„Bei uns wird nicht gestritten"	„Hau ab!"

Wie Streittypen entstehen

Die Entwicklung zu einem Streittyp beginnt häufig schon im frühesten Kindesalter. Ihre Wurzeln reichen zurück bis zu den ersten Erfahrungen mit dem, wie wir als Säugling unsere Bedürfnisse angemeldet haben. Schon zu dieser Zeit haben uns unsere Eltern eher genügsam und pflegeleicht erlebt oder sie hatten mit uns große Mühe, weil wir so lange geschrien haben, bis jemand kam und uns auf den Arm genommen hat. Wenn wir besonders ängstliche Eltern hatten, die eigentlich nur das Beste für uns wollten und alles Erdenkliche für uns taten, damit es uns an nichts fehle, dann war in uns der Urgrund für einen destruktiven Konflikttypus bereits angelegt. Das Gleiche gilt bei Eltern, die ihre Kinder in deren Gefühlen, in ihrem Willen und Unwillen nicht erst genommen haben. Dazu passt die Grundhaltung besonders von Eltern mit der Einstellung: „Das sind ja nur Kinder."

Allein diese elterliche Einstellung den Kindern gegenüber kann bereits die Grundlage für die spätere Ausbildung eines Streittyps sein. Zu einem der vier Streittypen werden auch Menschen mit Eltern, die viel und heftig stritten, ohne sich zu versöhnen, oder Eltern, die sich niemals gestritten haben, obwohl dicke Luft zwischen ihnen war. Doch es sind nicht allein die Eltern verantwortlich dafür, zu welchem Streittyp ihr Kind heranwächst.

Zur Entstehung eines Streittypus gehören verschiedene Bedingungsfaktoren, besonders im Kindes- und Jugendalter. Manches Streitverhalten von Bezugspersonen, Vorbildern im Kindergarten und in der Schule wird nur nachgeahmt. Hier spielen die Gruppen der Gleichaltrigen eine herausragende Rolle für die Prägung. Anderes beobachtetes Streitverhalten finden aber gerade junge Menschen, vor allem in ihrer Familie, so entsetzlich und abstoßend, dass später genau das Gegenteil davon weiterentwickelt wird, ohne damit unbedingt konstruktiver zu sein.

Zum Beispiel: Beide Eltern sind ausgeprägte Anpasser- oder Nichtstreitertypen und sie haben Kinder, die bei Konflikten aggressiv bis gewalttätig werden.

Die unzähligen Beispiele negativer Streitmuster, mit denen die Menschen tagtäglich in den Medien massenweise überschüttet werden, tragen vielleicht nicht direkt zu ihrer Entstehung bei, aber die junge Generation nimmt sie unbewusst auf und gibt sie genauso unbewusst weiter.

Ich selbst erinnere mich noch sehr genau, dass ich das autoritäre Streitverhalten meines Vaters ganz und gar nicht nachahmenswert empfand und mir fest vornahm, es später besser zu machen. Fast erschreckt nahm ich viele Jahre danach bei mir wahr, dass ich als Vater meiner eigenen Kinder dann eben doch noch das eine oder andere negative Muster wie automatisch hervorbrachte. So tief verwurzelt sind die Denk- und Verhaltensmuster bei uns Menschen, dass es nur sehr schwer möglich ist, Angelerntes neu zu konditionieren. Ich selbst habe viele Jahre dafür gebraucht und bei Umfragen im Klienten- und Freundeskreis das Gleiche feststellen können.

Grundsätzlich gilt, dass jedes Streitverhalten nachgeburtlich ange-lernt wird. Somit kann destruktives Streiten, wie anderes Sozial-verhalten, über den eigenen Willen später verändert und um-gelernt werden. Egal wie unser Konfliktverhalten entstanden ist, mit einem Blick auf die vier Streittypen erkennen wir vielleicht, wo wir selbst stehen.

Das Leitmotiv als Beweggrund

Wir Menschen werden in Spannungssituationen und beim Strei-ten von einer Grundmotivation beherrscht. Diese zieht sich wie ein roter Faden bei jeder Kontroverse durch unser Denken, Fühlen und Handeln. Man nennt diesen permanenten inneren Beweggrund das >Leitmotiv<.
Was aber ist der Beweggrund der einzelnen Streittypen?
Jeder der vier Streittypen hat sein eigenes, für ihn charakteris-tisches Leitmotiv. Wir können das Leitmotiv eines Streiters ent-decken, wenn wir uns sein Streitverhalten, seine Grundeinstel-lungen und den Gefühlsausdruck als Ganzes näher anschauen. Obwohl jeder Mensch auch sein persönliches Leitmotiv haben kann, erkennen wir beim Anpasser vor allem sein Streben nach Harmonie, beim Motzer seine unecht-affektive Emotionalität, beim Nichtstreiter die emotionslose Sachlichkeit und beim Ver-letzer den Drang zur feindseligen Durchsetzung. Das Leitmotiv bestimmt den Willen und das Handeln eines Streiters, ungeach-tet seiner persönlichen Interessen und der Absicht, die einem Streit zu Grunde liegt. Auch der Auslöser, das Thema und das Ziel eines Streites, hat auf das Leitmotiv der beteiligen Kontra-henten wenig Einfluss.

Der Anpasser wird immer von seinem *Harmoniestreben* bestimmt. Auch in einem heftigen Wortgefecht ist er darauf ausgerichtet, den Ausgleich und den Frieden mit dem Gegner zu finden. Dafür tut er in der Regel alles, was ihm möglich ist. Aber auch wenn er in einem Streit resigniert und sich schmollend zurückzieht, bleibt dieses sein Leitmotiv in ihm der ursprüngliche und unbewusste Beweggrund.

Der Motzer dagegen ist kein stiller Mensch. Ihn treiben die Emotionen an. In ihm kocht fortwährend die Volksseele und er selbst. Sein affektgeladener Kampf für die vermeintliche Gerechtigkeit wird jedoch generell nur von Groll, Trotz, Kränkungen und diffusen Befürchtungen bestimmt. Echte autonome Gefühle, wie zum Beispiel Ärger, Angst und Schmerz, werden wir bei genauem Hinhören in den Gefühlsausbrüchen des Motzers kaum wahrnehmen. Deshalb bezeichne ich das Leitmotiv des Motzers als *unecht-affektive Emotionalität*. Die ganze Art seiner aggressiven Angriffe und Vorwürfe ist durchweg von solchen, wie auch die Transaktionsanalyse sie bezeichnet, >unechten Gefühlen< durchdrungen.

Beim Nichtstreiter ist das Leitmotiv seine *emotionslose Sachlichkeit*. Sie ist die Grundmotivation während aller Meinungsverschiedenheiten und von nichts anderem wird er bestimmt. Über allen seinen Auseinandersetzungen steht das Ringen um die Sache, von der er durch nichts abzubringen ist. Die Kunst dabei ist, keine Gefühle zu zeigen.

Auch beim Verletzer wird das Leitmotiv schon zu Beginn seines Kampfes mit dem Feind sehr schnell deutlich. Durch ihn, „den Feind", wird der Verletzer „selig" (feindselig); durch ihn bezieht er seine Energie. Sein unbedingter Wille zur *feindseligen Durchsetzung* ist die tragende, jedoch äußerst destruktive Schubkraft seines Streitverhaltens. Diesem seinem Leitmotiv hat sich alles andere unterzuordnen.

Menschen, die nie lernen durften, sich wirklich frei zu fühlen, brauchen für die kleineren und größeren Krisensituationen des Lebens solch einen vermeintlich inneren Halt und eine Grundorientierung, an der sie sich festhalten können. Dahinter steht ein tief verwurzeltes Denk- und Verhaltensschema zusammen mit einem bis in das Unterbewusstsein ragenden Antreiber. Dieser unbewusste innere Antreiber ist das in den vier Streittypen permanent wirksame Leitmotiv.

47

Streiter und Streiterinnen mit gleichen oder ähnlichen Leitmotiven finden sich zunächst sehr sympathisch, was sich aber bei längerem Zusammensein umkehren kann. Ganz anders zeigt sich die Dynamik bei Spannungen gegensätzlich motivierter Streittypen. Besonders destruktiv fetzig wird es dann zum Beispiel zwischen dem Streben nach Harmonie (Anpasser) und der feindselig-aggressiven Durchsetzung (der Verletzer) oder zwischen der affektgeladenen Emotionalität (der Motzer) und der coolen Sachlichkeit (Nichtstreiter).

Die Gegensatzpaare

Die Abbildung unten zeigt deutlich paarweise Gemeinsamkeiten und Gegensätze, das heißt: Jeder Streittyp ist mit zwei anderen Typen in bestimmten Verhaltensweisen und Eigenschaften vergleichbar.

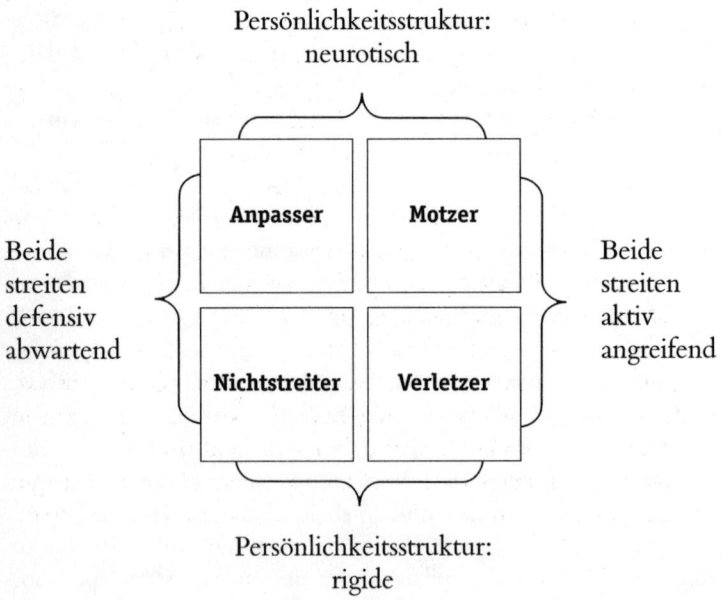

Anpasser und Motzer sind beide grundsätzlich gemütsorientiert. Bei Auseinandersetzungen agieren und reagieren sie emotional und fühlen sich, wie auch der Volksmund sagt, eher warm an. Sie sind im Streit gefühlsmäßig erregbar und haben deshalb bei Konflikten meistens auch ein ausgeprägtes Schuldgefühl oder Gewissen. In der inneren Haltung zum jeweiligen Streitgegner sind beide Typen, bei aller Geringschätzung des anderen, von unten nach oben hin gerichtet, d. h. aus dem eigenen unbewusst niedrigen Selbstwertgefühl an eine vermeintlich feindlich höhere Autorität. Beobachtbar ist das in ihrer geduckten Körperhaltung, indem sie sich beim Streiten leicht nach vorn zum Gegner hinneigen. Den psychologischen Hintergrund dafür bilden neurotische Persönlichkeitsstrukturen.

Hingegen sind auf der unteren Seite des Modells, bei Nichtstreitern und Verletzern, die eher rigiden Persönlichkeitsmerkmale zu finden. Deren beider Grundhaltung ist folglich als starr zu bezeichnen, was sich vor allem darin äußert, dass sie sich den wechselnden Beziehungen im Alltag nur wenig anpassen können. Ein schlechtes Gewissen oder sogar Schuldgefühle im Konfliktfalle kennen beide nicht und sind eher gefühlskalt. Die Haltung beider zum Streitgegner hin zeigt sich von oben herab auf den anderen herunter, was man häufig auch schon äußerlich an der sehr geraden Körperhaltung beobachten kann.

Die Gegensatzpaare links und rechts im Modell unterscheiden sich vor allem in ihrem aggressiven Grundtonus einerseits und der generellen Zurückhaltung andererseits.

Der Nichtstreiter und der Anpasser sind reaktiv. Sie zeigen sich beim Streiten eher abwartend, bis der andere auf sie zukommt. Erst dann reagieren sie. Beide sind in ihrer Streittaktik defensiv und investieren wenig Energie. Der Verletzer und der Motzer verhalten sich im Streit eher aktiv und angreifend.

Sie gehen dabei gern in die Offensive und an den Streitgegner heran. Beide zeigen sich aggressiv und investieren viel Energie.

„Du ziehst mich an — du stößt mich ab!"

Das destruktive System: Zwischen Abscheu und Symbiose

Gegensätze ziehen sich an, sagt der Volksmund, und das nicht nur in der Liebe, sondern auch beim Streiten. So braucht man, wenn man konstruktiv streiten nicht gelernt hat, sich aber nicht zum Einsiedler eignet, für das Austragen von Spannungen den passenden Partner, mit dem man leicht in Kontakt kommt und dem man auch nach einem Zerwürfnis nicht gleich für alle Zeiten davonläuft. Solche sich ergänzenden Streittypen sind sich bei allen vorhandenen Gegensätzen noch irgendwie sympathisch. Wir finden sie vor allem in Freundschaften und in Intimbeziehungen.

Andererseits gibt es Menschen, gegen die man grundsätzlich eine Aversion hat. So ist man zwar, zum Beispiel aus beruflichen Gründen, gezwungen, mit ihnen zusammenzuarbeiten, aber bei Spannungen bricht der Kontakt sofort ab.

Das System des destruktiven Streitens funktioniert nach der Dynamik von Anziehen und Abstoßen. Ich unterscheide mit dem Modell der vier Typen komplementäre (= ergänzende) und aversive (= abstoßende) Streitpartner.

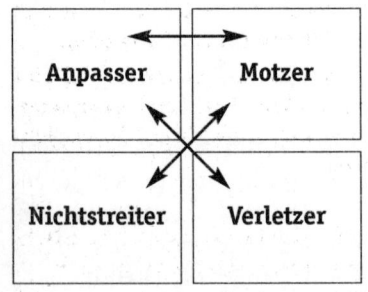

Die diagonal gegenüberliegenden Streittypen
Anpasser ◄—► Verletzer und
Motzer ◄—► Nichtstreiter
sind komplementäre Streitpartner.
Auch Anpasser ◄—► Motzer
sind komplementäre Streitpartner in dauerhaften Beziehungen.
Diese Streitpartner ergänzen sich destruktiv ideal.

Aversive Streitpartner gehen sich dagegen aus dem Weg und vermeiden jeglichen Konflikt. Solche nichtkomplementären Streittypen sind zum Beispiel: Nichtstreiter gegen Verletzer oder Verletzer gegen Motzer.

Komplementäre Streitpartner

Für den alltäglichen, wiederkehrenden destruktiven Streit, den wir alle schon erlebt haben, braucht es Gegner, die ihre Waffen und Streitmuster kennen.

Das schafft die nötige Sicherheit vor unbekannten Überraschungsangriffen. So weiß man auch verletzende Schläge unter die Gürtellinie zu parieren und wie man mit heiler Haut davon kommt. Erst ein komplementärer Streitgegner macht es möglich, die eigenen unfairen Mittelchen und Tricks zu mobilisieren und voll zur Geltung zu bringen. In solch einem Streitspiel fühlt man sich ganz wie zu Hause, in seinen, wenn auch unbewusst einstudierten Konfliktmustern. Die Regeln für solche Streitigkeiten sind den Beteiligten klar, aber nie vereinbart worden. Die äußersten Grenzen sind bekannt. Das destruktive Spiel beginnt:

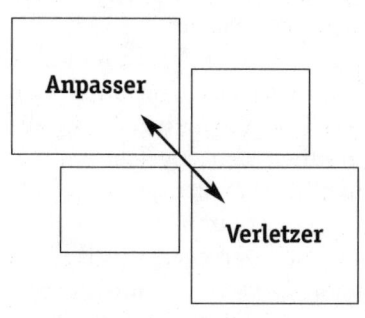

Die Frau kommt vom Einkaufen nach Haus.

(Sie ärgert sich, dass der Ehemann so viel vor dem Fernseher hockt.)

Der Mann: „Hast du mir eine Fernsehzeitung mitgebracht?"

Die Frau: „Oh, das hab ich vergessen, aber ich kann ja schnell noch mal gehen, damit du ..."

Der Mann (unterbricht): „Deine Vergesslichkeit ist einfach zum Kotzen! Wenn dein Arsch nicht angewachsen wär', würdest du den auch noch irgendwo liegen lassen. Jetzt mach', aber komm ja mit der richtigen."

Die Frau: „Ja, ja, ich gehe ja schon."

Die Frau geht noch mal, aber wahrscheinlich bringt sie jetzt die falsche Fernsehzeitung mit. Das Streitspiel geht dann mit Sicherheit weiter.

Solche Verletzer und Anpasserpaare kommen häufig vor, denn beide ergänzen sich hervorragend. Der Volksmund sagt dazu in seiner Weisheit: „Die beiden haben sich gesucht und gefunden." Sie sind in ihrer destruktiven Kommunikation von einander abhängig und brauchen sich zum Beibehalten ihrer Streitmuster. So fühlt sich eine solche Anpasserin immer wieder darin bestätigt, dass sie es ihm, dem Verletzer, sowieso nicht recht machen kann. Die wiederkehrenden Verletzungen erhalten das Minderwertigkeitsgefühl des Anpassertyps und die Erfahrung, dass alles keinen Zweck hat, sosehr man sich auch anstrengt.

Der Verletzer dagegen braucht die Vergesslichkeit und das Sich-schuldig-fühlen des Anpassers. Hier kann er leicht zuschlagen und den anderen zumindest verbal verwunden. An dem Beispiel wird deutlich, dass der Streit um das Fernsehen nicht offen ausgetragen wird. Die unterschiedlichen Positionen des Mannes und der Frau werden nicht konstruktiv und fair miteinander erörtert. Als aufmerksame Beobachter können wir ahnen, dass wahrscheinlich auch andere Konflikte nach dem gleichen Muster ablaufen. Auch ist zu vermuten, dass bei der Ehefrau hinter ihrem unterschwelligen Vorwurf: „Kuck nicht so viel Fernsehen" noch andere heimliche Wünsche an den Mann oder unbefriedigte Bedürfnisse im Intimbereich der Beziehung schlummern. Solche komplementären Streitpartner haben füreinander eine wichtige Spiegelfunktion. Man sucht und erkennt im anderen die eigenen fehlenden, unbewusst erhofften aber abgelehnten Anteile. Der Anpasser sucht und findet im Verletzer seine fehlende aggressive Seite und die unnachgiebige Konfrontationsfähigkeit. Er sehnt sich, ohne es zu wissen, nach der energie-geladenen Spannung, die der Verletzer ausstrahlt. Dort zieht es ihn hin, egal welchen Preis er dafür zahlen muss. Gleichzeitig kommt der Anpasser aber auch in sein eigenes wohl bekanntes Gefühl der Unterlegenheit, das ihm wie eine innere Heimat ist, denn er glaubt zudem auch, dass sein Nachgeben dem Verletzer hilft, sich zu beruhigen. Beide Reaktionen zusammen schaffen in ihm Nähe und Anziehung zum Verletzer. Er kommt am geliebt-gehassten Kontrahenten nicht vorbei und es ist fast so, als hätte er durch ihn seine negative Erfüllung gefunden. Dass sich dahinter eine konstruktive lebensentscheidende Lernaufgabe verbarg, ahnen manche Anpasserinnen erst nach der endgültigen Trennung vom Partner.

Der Verletzer seinerseits nährt sich unbewusst an den Gefühlen des Anpassers. Dort drüben trifft er endlich auf die Angst, die er nie haben durfte und permanent unterdrückt. Der Anpasser lebt die Emotionen stellvertretend, zu denen der Verletzer nicht in der Lage ist. Für den Verletzer ist die nie enden wollende Anpassungsfähigkeit des Gegenüber wie eine Droge für seine unstillbare Lust an der Macht über andere. Dass hinter dieser Droge auch sein noch nie erlebtes Bedürfnis nach Hingabe verborgen ist, weiß er nicht, doch zieht dieses Geheimnis ihn fortwährend in seinen Bann.

So gesehen sind diese beiden komplementären Streitpartner voneinander abhängig. Eine solche Intimbeziehung kann sehr langlebig sein, vorausgesetzt, dass dazu noch eine minimale Lustbefriedigung möglich ist. Nur wenn das Leiden, das Nichtverstandensein und der seelische Druck beim Anpasser größer werden als die Zuneigung und das Helfenwollen, treibt eine solche destruktive Beziehung in eine oftmals entscheidende Krise. Viele Anpasser, nach meiner Beobachtung sind das in der Mehrzahl die Frauen, lösen das Beziehungsproblem mit Verletzern inzwischen immer häufiger auch dadurch, dass sie sich nebenher in einen netten Nichtstreiter, Anpasser oder auch Motzer verlieben. Die Folgen aber sind mitunter gefährlich, denn Verletzer werden fast immer gewalttätig, wenn man sich ihrer Macht entzieht. Zumindest tun sie alles, was bei einer Trennung für den Anpasser existenzbedrohend ist.

Die Langlebigkeit einer destruktiven Anpasser-Verletzer-Beziehung wird nicht nur von der großen Leidensfähigkeit des Anpassers getragen. Auch Verletzer sind grundsätzlich destruktiv treu. Sie lassen nur ungern ab von ihrem komplementären Streitpartner, denn sie können nicht sicher sein, ob sie einen solch passenden Anpasser so schnell wieder finden werden.

Eine ähnlich destruktive Paardynamik entwickeln der Motzer und der Nichtstreiter miteinander. Auch diese beiden sind komplementäre Streitpartner und ergänzen sich vortrefflich. Zum Beispiel kann der Motzer dem Nichtstreiter immer wieder vorwerfen, dass man sich mit ihm bei den alltäglichen Konflikten nicht offen auseinandersetzen kann.

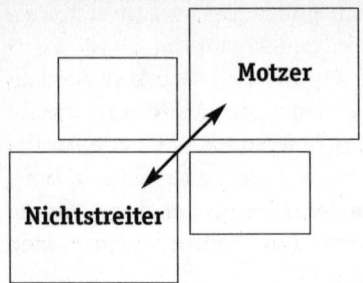

Der Motzer: „Du mit deinem Schweigen. Immer hältst du dich aus allem raus. Das ist ja so bequem. Sag doch auch mal was dazu. Was sind denn deine Gefühle dabei?"

Der Nichtstreiter: „Ich hör' schon wieder Gefühle! Sag mir doch endlich mal, worum es eigentlich geht. Was ist denn das Problem?"

Über welches Thema die beiden streiten, ist völlig unwichtig. Im Verlauf rückt auch der Auslöser für den Streit in den Hintergrund. Das destruktive Spiel von Anklage und Abwehr spult wie von selbst ab und ist auch nicht mehr aufzuhalten.

Die längst bekannten Vorwürfe und Gegenargumente sind wie nach einem Regiebuch eingeübt und ritualisiert. Man tut sich auch nicht mehr weh dabei, weil man gegen eventuelle Verletzungen immun geworden ist.

Es ist manchmal für einen Nichtbeteiligten fast zum Schmunzeln, wenn der Motzer und der Nichtstreiter *ihren Strauß ausfechten*. In ihnen beiden begegnet sich die reine Sachlichkeit im Gefecht mit der Emotionalität. Fast scheint es wie ein Kampf zwischen emotionaler Keule gegen das stichhaltige Florett. Wenn Beobachter dabei lächeln, dann auch aus dem sicheren Gefühl heraus, dass die beiden sich dabei nicht wirklich ernsthaft verletzen. Der Motzer braucht die Gefühlskälte des Nichtstreiters, an der er sich immer wieder reiben kann. An ihm darf er in aggressive Wallung geraten und aufbrausen, ohne selbst allzu großen Schaden zu nehmen. Dass sich der Nichtstreiter von ihm, dem Motzer, energetisch ernährt, kümmert ihn wenig, weil er ja genug Energie für beide hat. Der Trotz und Groll des Motzers aber prallt am Nichtstreiter ab wie das Tennisspiel an der Wand. Ähnlich wie bei einem energiegeladenen Konditionstraining, mit dem man in Form bleibt, und die Wand ist der Nichtstreiter. Von ihr werden alle Vorwürfe und Erwartungen zurückgeschmettert.

Nur die emotionale Energie bleibt für kurze Zeit übrig. Von ihr leben beide Streiter völlig unbewusst. Dass diese Energie negativ ist und keine gute Atmosphäre schafft, kümmert beide nicht. Sie laden sich damit auf und regen sich danach auch wieder ab. Manchmal ist ein solches Geplänkel vergleichbar mit einem Liebesspiel. Man geht aneinander hoch und beruhigt sich wieder. Der Motzer sorgt für den Energieschub und der Nichtstreiter dafür, dass von der anderen Seite genügend nachgeschoben wird, indem er immer wieder nach dem Sinn des ganzen fragt. Mit der Frage nach dem Problem oder dem Sinn sieht das Ganze dann wirklich wie ein echter Streit aus.

Ich habe Motzer und Nichtstreiter während ihres Streitspiels schon auf ihr eigenartiges, manchmal fast belustigendes Tun humorvoll hingewiesen. Nicht selten kam dabei von beiden spontan ein Lächeln zurück, so als wenn sie sich bei einem intim-geheimen Liebesspiel ertappt fühlten.

Doch nicht immer geht es zwischen ihnen so glimpflich ab. Oft bleibt auch bitterer und schaler Nachgeschmack zurück, und es scheint nicht selten so, als ob durch diese Art Zänkerei wirkliche Nähe verhindert werden soll.

Auch Motzer-Nichtstreiter-Beziehungen sind langlebig. Sie sind wie Anpasser und Verletzer voneinander abhängig, stützen sich gegenseitig in ihrem destruktiven Verhalten und suchen im Gegenüber den jeweils fehlenden Teil von sich selbst.

Komplementäre Streitpartnerschaften erkennen wir nicht nur an ihren destruktiven Streitstilen. Auch ihre sonstige alltägliche Kommunikation ist eher spannungsgeladen. Aus den kleinsten Anlässen entstehen Meinungsverschiedenheiten. Diese eskalieren schnell und werden unablässig weitergeführt, scheinbar ohne Ziel und Zweck. Nur ein neutraler Beobachter hat bald den Eindruck, dass derartiges Gezänk dafür bestimmt ist, den Gegner herabzusetzen, um gleichzeitig die eigene Minderwertigkeit aufzuwerten.

Ein eindrucksvolles Beispiel dafür sind *Anpasser- und Motzertypen* mit ihren fast täglichen Reibereien. Miteinander gut eingespielt, wechseln sie manchmal ihre Rollen. Wenn ein Anpasser sich gerade mal stark fühlt und aufmüpfig wird, dann beginnt er zu motzen. Das kann dann einen Motzer auch schon mal in die Enge treiben und er muss sich wohl oder übel anpassen.

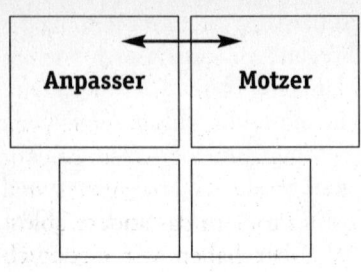

Er (Motzer): „Was hast du denn da wieder gekocht?"

Sie (Anpasserin): „Schmeckt's dir schon wieder nicht?"

Er: „So hätte ich das auch noch hingekriegt."

Sie: „Dann koch' doch selbst, aber ich geh dann vom Haushaltsgeld in die Kneipe", sagte sie motzend.

Er: „Und ich soll dann hier vielleicht alleine essen?", sagt er beleidigt.

So oder so ähnlich könnte es dann noch eine Weile hin und her gehen. Interviews mit Testpersonen ergaben, dass ein großer Teil der befragten Erwachsenen sich situativ unterschiedlich mal im Streittyp des Anpassers und ein anderes Mal im Streittyp des Motzers erlebten.

Dazu ein Beispiel eines Dialogs am Arbeitsplatz:

Herr M. (ein Anpasser) stellt seinem Kollegen Herrn S. sehr freundlich eine Tasse Kaffee auf den Schreibtisch, um die dieser aber nicht gebeten hatte. Mit einem mürrischen: „Will ich nicht!" schiebt Herr S. (ein Motzer) die Tasse zurück.

Herr M. versucht sich zu entschuldigen: „Oh, ich dachte …". Herr S. fällt ihm barsch ins Wort: „Zum Kotzen! Wie meine Mutter! Die dachte auch immer. Das ist mir total auf die Nerven gegangen." Herr M. beschwichtigt: „Ja, ja, es ist ja schon gut", wechselt aber dann die Rolle und pariert motzend: „Aber ihre Mutter bin ich deswegen noch lange nicht." Das zeigt Wirkung bei Herrn S. und er passt sich an: „O.k., da hab ich wohl mal wieder ins Fettnäpfchen getreten."

Der hohe Anteil von Motzern bei der Summe aller beobachteten Streitereien erklärt sich durch seine allgemeine Attraktivität und Ausdrucksstärke. Weniger auffallend, aber ebenso häufig ist der Anpassertyp. Ein Motzer braucht halt mindestens einen Anpasser, um in Fahrt zu kommen, obwohl ein Nichtstreiter ihn oft noch mehr in Rage bringen kann.

Destruktiv-komplementäre Streiterinnen und Streiter führen in der Regel lang anhaltende Wortgefechte gegeneinander. Für den Zuschauer solcher Grabenkämpfe ist sehr bald klar: Dieses Hickhack bringt beiden nichts ein. Warum aber suchen die Kämpfenden diesen Clinch immer wieder? Der Anlass solcher Szenen kann es nicht sein, denn der ist sehr bald vergessen, weil im Verlauf des Streites ein ungelöstes Problem das andere ablöst und man sich am Ende fragt: Worüber haben wir eigentlich gestritten? Auch die inneren Antreiber oder Leitmotive wie Harmoniestreben oder aggressive Durchsetzung können nicht der alleinige Grund für diese Debatten sein.

Jahrelange Beobachtungen destruktiver Streitigkeiten deuten auf das komplexe System ungestillter Bedürfnisse einerseits und dem angelernten Konfliktverhalten anderseits hin. Zu den ungestillten Bedürfnissen gehören ohne Zweifel der Mangel an Anerkennung und Zuwendung (zum Beispiel der stets verdeckte Kampf um Liebe) sowie unaufgearbeiteter Frust, soziale und emotionale Konflikte der gelebten Vergangenheit bis zu den Verstrickungen der Herkunftsfamilie. Diese Hintergründe für destruktives Streitverhalten wirken sich besonders bei den Intimbeziehungen aus.

Das Streitverhalten in der Öffentlichkeit und am Arbeitsplatz wird dazu noch wesentlich geprägt von der allgemeinen, angelernten Streitkultur. Dazu gehören die Konfliktmuster dieser unserer Abwertergesellschaft mit ihren Gewohnheiten und Trends.

Eine neuere Studie zum Konfliktverhalten bei Paaren in der Trennungsphase belegt, dass am Ende einer Beziehung immer häufiger von Männern und Frauen „schlagende Argumente", das heißt Handgreiflichkeiten, zum Einsatz kommen. Diese Untersuchung hat mich nicht verwundert, weil das jahrelange komplementäre Aneinandergekettetsein von Anpassern, Motzern, Nichtstreitern und Verletzern manchmal geradezu danach schreit, mit Gewalt getrennt zu werden. Diese Gewalt am Ende von destruktiven Beziehungen besagt nicht, dass nun alle Streittypen zu Körperverletzern werden. Solch „schlagendes Argumentieren" wiederholt sich in der Regel bei nachfolgenden Beziehungen nicht.

Sie sind ein Zeichen der äußersten Not, in der sich die Verhaltensmuster der vier Streittypen vorübergehend auflösen. Diese Gewalt in der Not ist besonders für Anpasser, Motzer und auch für Nichtstreiter oft ein affektgeladenes Abwerfen der eingefahrenen Konfliktmuster. Ab diesem Moment, man kann es auch die Todesstunde komplementärer Abhängigkeit nennen, kann neues Leben entstehen und der Ausstieg aus einem Streittyp beginnen (siehe auch: „Der Ausweg und die Lösung").

Ganz anders stellt sich dieses Thema für den Streittyp des „Körperverletzers". Dieser Verletzer muss in einem oft schmerzhaften Prozess Schritt für Schritt der Gewalt entsagen lernen oder sein Schicksal läuft weiter in den bekannten Mustern. Einigen davon begegnen wir bei den aversiven oder nichtkomplementären Streitgegnern.

Aversive Streitpartner

Hin und wieder werde ich gefragt, ob es Beziehungen gibt, in denen Meinungsverschiedenheiten oder Kontroversen grundsätzlich nicht ausgetragen werden können. Dazu brachte ein vierzigjähriger Mann, der sich selbst freimütig als Motzer bezeichnete, folgendes Beispiel: „Mit meinem Chef, von dem ich annehme, dass er zu dem Verletzertyp gehört, bekomme ich keinen wirklichen Kontakt. Ich habe zwar den Eindruck, dass er mit mir die Kontroverse sucht, aber bei mir ist eine tiefe Abneigung dagegen. Ich kann mit ihm nicht streiten."

Auf mein Nachfragen stieß ich auf eine für ihn unerklärliche Abscheu gegen seinen Chef, verbunden mit Angst, die er gern überwunden hätte. Danach war mir klar, dass es sich hier um aversive Streitpartner handelte (aversiv = Abneigung, Widerwille, von Aversion). Meine Vermutung ging schließlich in die Richtung:

Motzer ◄──► Verletzer.

Die Dynamik von *Motzer-Verletzerbeziehungen* beruht auf einer zumindest einseitigen Aversion. Zu einer öffentlichen Demonstration würden sie beide sicherlich gemeinsam gehen und dort auch verbal laut werden. Nur an Gewalttätigkeiten gegen Menschen oder Sachbeschädigungen wird sich ein Motzer nicht beteiligen. Es verbindet sie zwar die Lust am Streit und das ihnen beiden ureigene aktiv-aggressive Potenzial, doch sie ergänzen sich nicht; eher das Gegenteil ist der Fall. Schon der erste Streit miteinander kann der letzte sein, denn es wird zwischen ihnen sehr bald zu einem Kurzschluss in der Kommunikation kommen. Allein die scharf geschliffenen verbalen Angriffe des Verletzers sind von einem Motzer niemals hinnehmbar. Er wird zwar das Beleidigtsein nicht offen zugeben wollen und den Schlag unter die Gürtellinie für den Moment vielleicht noch hinnehmen, aber den Kontakt zum Verletzer baldmöglichst abbrechen. Im Motzer- und Verletzertyp begegnen sich aggressiv-neurotische und aggressiv-rigide Persönlichkeitsstrukturen. Da ein Verletzer in der Regel rigide ist, das heißt anpassungsunfähig, muss sich eher der Motzer, da er neurotisch-flexibel ist, anpassen. Wenn ein solcher Motzer in einer Abhängigkeitsbeziehung zu einem Verletzer steht, zum Beispiel der Motzer ist Angestellter und der Verletzer ist sein Chef (wie am Beispiel oben), dann muss sich der Motzer anpassen, das heißt, zum Anpasser wandeln und seine Aggression mit allen auch psychosomatischen Folgen permanent unterdrücken. Solche Motzerkonflikte gegenüber Vorgesetzten-Verletzern haben wir in unserer Gesellschaft häufig. Leider erkennen bisher nur wenige Unternehmen die betrieblich-ökonomischen Folgen, die sich daraus ergeben, und wie solche Energieverluste und Arbeitsunzufriedenheit auf destruktive Kommunikationsstrukturen unter Mitarbeitern zurückzuführen sind. Der streitbereite Mann aus meinem Beispiel oben kündigte nach einiger Zeit und suchte sich einen neuen Chef. Wie ich hörte, ging es ihm danach besser und er lernte fair und konstruktiv zu streiten. Doch auch Verletzer können, wie bereits oben erwähnt, aus ihrem Streittyp aussteigen.

Verletzer ◄──► *Verletzer*. Völlig anders als mit Motzern und oft in besonderer Weise dramatisch verlaufen Streitigkeiten und Fehden zwischen zwei Verletzertypen. Deren „Kämpfe bis aufs Messer" gelangen fast immer in die Öffentlichkeit. Solange sie zur kriminellen Szene gehören, schenken ihnen die Medien oft nur geringe Aufmerksamkeit. Solche Konflikte finden wir dann nur in den täglichen Polizeiberichten über Schlägereien. Wenn sich jedoch zwei prominente Verletzer oder Verletzerinnen in den Haaren liegen und ihre schmutzige Wäsche vor Publikum waschen, dann bringt es die Boulevardpresse gewöhnlich in großer Aufmachung. Hier ist dann „Bild immer dabei" (auf namentliche Beispiele möchte ich hier verzichten). Auch bei Verfeindungen in den Chefetagen großer Unternehmen kämpfen häufig Verletzertypen gegeneinander. Hier bekämpft sich die Gewinnsucht und die unstillbare Lust an der Macht bis zur Zerschlagung des Feindes. In der Fernsehserie „Dallas" erlebten wir jahrelang weltweit eines der bekanntesten Beispiele für Verletzerkämpfe unter Konzernbossen.

Auch in Intimbeziehungen zwischen Mann und Frau gibt es unter Verletzern nicht selten feindliche Scharmützel bis zum bitteren Ende mit der Vernichtung des geliebt-gehassten Gegners. Ein eindrucksvolles Beispiel dafür lieferten uns Michael Douglas und Cathleen Turner in dem viel beachteten Film „Der Rosenkrieg". Der Suchtcharakter einer solchen Beziehung verlangt, dass diese so lange anhält und immer wieder neue Nahrung findet bis zur Zerstörung beider Kontrahenten. In Verletzer-Verletzer-Beziehungen wird völlig unbewusst das eigene Selbst tödlich gehasst und versucht, im anderen zu vernichten. Die antreibenden Süchte sind zum Beispiel: Machtgier, Sexsucht, Größenwahn und Drogen.

Eine besondere Spannung entsteht zwischen *Nichtstreiter und Verletzer,* wenn es einen Konflikt zu lösen gilt. Wahrscheinlich ist, dass sie es zuerst per Post versuchen, denn auf der persönlichen Ebene stoßen sie sich ab. Deshalb zähle ich auch Nichtstreiter und Verletzer zu den aversiven Streitpartnern. Wenn bei Auseinandersetzungen dieser beiden Typen ein Lächeln über das Gesicht huscht, bedeutet das nicht wertschätzende Freundlichkeit, vielmehr ist es ein verdecktes Streitmuster, was darüber hinweghilft, ohne Gefühle zu kommunizieren. Die aufreizenden Provokationen des Verletzers finden beim Nichtstreiter kein Echo und damit wird das Spiel sinnlos. Eine Chance zur vorübergehenden

Verständigung besteht nur, wenn der Verletzer sich auf die reine Sachebene des Nichtstreiters einlässt. Bei Geschäftsbeziehungen wird es im Wesentlichen eine Rolle spielen, wer von beiden der Vorgesetzte beziehungsweise der Untergebene ist. Eine Paarbeziehung zwischen diesen beiden Streittypen ist kaum denkbar und wird mit Sicherheit nur kurze Zeit andauern.

Streitpartner zwischen Abneigung und Symbiose

Wenn *Motzer* ◄—► *Motzer* sich zanken, gegenseitig anmeckern und beschimpfen, fragt sich ein miterlebender Zuschauer sehr bald: „Um was streiten die überhaupt?" Das stetige Anmachen, Rumkeifen und Kritisieren lässt den wahren Grund des Gezänks oft nicht erkennen. Die Antwort ist, dass es keinen Grund geben muss. Motzer und Motzerinnen sind eigentlich Menschen voller Gefühle, umso mehr in spannungsgeladenen Situationen, und sie haben ein großes Bedürfnis nach Selbstdarstellung, Nähe und Austausch. Solche starken Energien müssen gelebt werden. Ganz im Gegensatz zum Verletzer, der diese Energien als verbale und körperliche Gewalt abführt, nimmt ein Motzer diese Gewalt bei sich selbst unter strenge Kontrolle. Leider bietet unsere Streitkultur solchen energiegeladenen Mitmenschen nicht genügend konstruktive Alternativen und Vorbilder, wie man damit umgeht. Manchmal geben Berater solchen Menschen den Tipp, mehr Sport zu treiben, ohne aber den Kern der inneren Problematik von Motzerkonflikten zu erkennen. Ob im täglichen Miteinander am Arbeitsplatz oder daheim mit Partner und Familie, man lebt als Motzer unter Motzern immer in der Spannung vermeintlicher Aggression, Angst vor Angriffen anderer und auf dem Sprung, sich verteidigen zu müssen. Motzer behindern sich bei den kleinsten Unstimmigkeiten. Wie sie in der Öffentlichkeit ihr verbales Gift verspritzen, das sehen und hören wir jeden Tag bei den Politikern. Wie manche VertreterInnen von Regierungen und Opposition miteinander streiten, ist beispielhaft für den Motzertyp. Was wir miterleben, ist ein polemisches, aber ungefährliches Gerangel, weil sich Politiker in unserer Republik zumindest nicht mehr körperlich verletzen. Das mag, gemessen an der Vergangenheit, schon ein Fortschritt sein. Doch die permanente Abwertung und Destruktivität verhindert fortwährend dringende und einvernehmliche Lösungen von Problemen. Die Politikverdrossenheit vieler Bürger mag ein Ausdruck dafür sein, dass Streitigkeiten zwischen Motzern, wie oben erwähnt, nicht mehr ernst genommen werden. Für Motzerbeziehungen ist häufig nur die Frage, wer von beiden zuerst beleidigt das Feld räumt und gleichzeitig einen Plan schmiedet nach dem Motto: „Warte nur, das zahl ich dir zurück!"

In allen Lebensbereichen unserer Gesellschaft ist das Motzen die am meisten verbreitete Form, aggressive Spannungen auszudrücken und Probleme zu wälzen. Das Motzen ist auch und in besonderer Weise ansteckend. Wenn jemand anfängt zu motzen, überträgt es sich wie das Gähnen und es findet sich im gleichen Moment jemand, der mitmotzt oder dagegen motzt. Es ist die landläufige Kultur einer eigentlich notwendigen Aggressionsabfuhr, aber in Verbindung mit der Abwertung des vermeintlichen Gegners. Der Ausdruck unvermeidlicher Aggressionen bei gleichzeitigem Herabsetzen anderer ist der direkte Weg, um „Krach zu kriegen". Die Motzer machen es uns immer wieder vor.

Völlig anders als bei Motzern und Verletzern verläuft ein Konflikt zwischen *Nichtstreiter und Anpasser.* Schon die Bezeichnungen lassen vermuten, dass bei dieser Konstellation in jeder Art von Beziehung kaum oder nie ernsthaft gestritten wird. Eher könnte es passieren, dass beide zufällig mal darüber reden, wie sie sich bei Meinungsverschiedenheiten verhalten würden. Während einer solchen Unterhaltung könnte dann ein Nichtstreiter sagen: „Ich finde, dass Streiten überhaupt nicht sein muss. Man kann sich ja auch anders verständigen, wenn es mal ein Problem gibt." Der Anpasser wird da nur zustimmen, weil der Nichtstreiter in ihm damit seine Sehnsucht nach Harmonie angesprochen hat. Beide sind sich schnell darüber einig, dass das Streiten nicht viel einbringt. Nichtstreiter und Anpasser entdecken dabei ihre Gemeinsamkeit: die Tendenz, sich bei Auseinandersetzungen grundsätzlich zurückzuhalten.

Erst nach einer längeren Zeit und bei einer vertrauensvollen Beziehung dieser beiden Streittypen werden dann auch kontroverse Ansichten vertreten; zu heftigen Wortwechseln kommt es aber nicht. Eventuelle persönliche Kritik wird nicht selten humorvoll verpackt oder mit unterschwelligen Sticheleien versehen. Vornehmlich im Beisein von Freunden oder Bekannten fallen dann von Seiten des Anpassers Bemerkungen wie: „Eigentlich ist es ja lächerlich, aber wenn ich mal was andeute (gemeint ist ein Ärger über den anderen) dann geht er (oder sie) einfach aus dem Zimmer, weil er (oder sie) nicht darüber reden kann. So ist es nun mal, da kann man nichts machen." Sprüche des Nichtstreiters könnten dagegen sein: „Wenn das Jammern anfängt, hör ich einfach nicht hin." Oder: „Wenn andere das brauchen, ich für meinen Teil brauche das nicht."

Distanzschaffende Spannungen und direkte Wortgefechte werden zwischen Anpassern und Nichtstreitern im beiderseitigen Einverständnis konsequent vermieden. Für Intimbeziehungen mit solchen symbiotischen Strukturen besteht erst dann eine Gefahr, wenn die Liebe nicht mehr fließt und das Prickeln nachlässt. Das zeigt sich zum Beispiel daran, dass der gefühlsbetonte Anpasser bemerkt, dass der Nichtstreiter die Gefühle des Anpassers fortgesetzt als unnötigen Luxus anprangert oder dem Nichtstreiter das Jammern und die Wehleidigkeit des Anpassers zunehmend auf die Nerven geht. Eine andere Gefahr für diese beiden Typen könnte die energetische Langeweile sein. Das ruhige Dahindümpeln von Anpasser- und Nichtstreiter-Beziehungen wird sofort erfrischend belebt oder sogar ernsthaft gestört, wenn ein energiegeladener Streittyp wie der Motzer oder der Verletzer auftaucht und Lebendigkeit hineinbringt.

Ähnlich wie zwischen Nichtstreiter und Anpasser zeigt sich das *Konfliktverhalten zweier Anpassertypen.* Auch diese beiden tendieren miteinander zu einer symbiotischen Beziehung, ob als Partner, Geschwister, Freunde oder im Kollegenkreis. Das funktioniert aber nur gefahrlos, wenn die persönlichen Interessen und Neigungen übereinstimmen. Besonders bei Paarbeziehungen müssen sich die intimen und sexuellen Bedürfnisse decken. Anpasser haben es ausnehmend schwer, eigene Wünsche oder Gelüste bei sich selbst bewusst wahrzunehmen. Noch viel weniger gelingt es ihnen, ihren Mangel offen mitzuteilen, geschweige denn, um ihr individuelles Anliegen zu streiten.

Das dafür bekannteste Beispiel ist mit Sicherheit der Witz von dem alten Ehepaar, den man sich schon seit Generationen erzählt. Er sei hier nochmals wiedergegeben:

Der Mann liegt auf dem Sterbebett, und es ist Zeit für immer Abschied zu nehmen. Die Frau fragt ihn noch einmal, ob zwischen ihnen alles gut war oder ob es noch etwas zu sagen gäbe. Der Mann (sicherlich war er ein Anpasser wie seine Frau) bestätigt ihr: „Ja, es war alles gut so" und fügt hinzu: „Nur die Sache mit unseren allmorgendlichen Frühstücksbrötchen will ich nun doch noch aussprechen." Die Frau nickt ihm unterstützend zu: „Ja sag' nur. Was war da?" Der Mann überwindet sich und bringt es dann endlich hervor: „Immer habe ich die Oberseite von den Brötchen gegessen, weil du sie mir so liebevoll rüberschobst. Wie gern hätte ich auch einmal die Unterseite gegessen, die du immer für dich behieltst." Nun war es heraus, wovor er immer Angst hatte, es ihr zu sagen. Ganz unerwartet reagierte aber die Frau völlig bestürzt: „Was? Das sagst du mir erst jetzt? Ich selbst aß immer die Unterseite, weil ich glaubte, du würdest lieber die Oberseite essen. Jetzt muss ich es dir also auch noch offen sagen. Es hat mich oft geärgert, immer die Unterseite essen zu müssen. Ich habe mich nur nicht getraut, dich mal um die Oberseite zu bitten." So wurde in der Todesstunde der Konflikt dann doch noch geklärt, obwohl wir annehmen müssen, dass in dieser Beziehung noch viele andere persönliche Wünsche unter den Teppich gekehrt wurden.

Es ist ein Grundmuster des Anpassers, die Wünsche anderer zu erahnen und nach dieser Ahnung sein eigenes Verhalten auszurichten. So wird versucht, unterschiedliches Wollen und Konflikte unbewusst ganz auszuschließen. Dass diese Konfliktstrategie völlig auf Kosten eigener Bedürfnisse geht, aber nicht funktioniert, ist für einen Anpasser unerheblich. Im Glauben, immer alles für den anderen tun zu müssen, lauert für den Anpasser die Gefahr. Nur selten können solche Streittypen ihre Taktik bis zum Lebensende durchhalten. Viel eher passiert es, dass zum Beispiel der Körper mit psychosomatischen Beschwerden reagiert oder man genervt den inneren Rückzug antritt.

Anpasser, die einen anderen Anpasser zum Partner oder Freund haben, halten auch Ausschau nach einem Menschen, der offen und direkt seine Anliegen und Wünsche äußert. Anpasserbeziehungen sind gefährdet, wenn mindestens eine oder einer von beiden im Stillen unglücklich ist und nach etwas Unbekanntem strebt. Dieses heimliche Streben nach der Erfüllung aller Sehnsüchte und der letzten und tiefsten Harmonie suchen Anpasser in der Symbiose, jenseits aller Probleme und Konflikte. Im Zwiespalt zwischen Harmoniestreben und Selbstverwirklichung bringen es zwei Anpasser beim gegenseitigen „Sich-zurück-Nehmen" nicht selten bis zur Meisterschaft. Dieses zeigt sich dann zum Beispiel in der Tageszeitung bei den Meldungen über Jubiläen wie „Goldene Hochzeit." Auszug: Unser Reporter fragte die Jubilare: „Was war das Erfolgsrezept ihrer so langen und glücklichen Beziehung?" Die übereinstimmende Antwort der beiden ließ nicht lange auf sich warten: „Wir haben uns nie gestritten."

Ein friedvolles Leben zu leben, mag für das Ich oder das Ego unbestreitbar ein hoher Wert sein und zu Achtungserfolgen führen. Für das Bewusstsein unseres inneren Selbst ist es ein Stillstand eigenen Wachstums, weil selbstverwirklichende Impulse permanent unterdrückt werden. Die Angst vor dem Egoismus und aggressiven Handlungen kann lebendige Beziehungen in ihrem schöpferischen Wachstumsprozess stoppen und Weiterentwicklung verhindern.

Anpasser sind im Miteinander immer in Gefahr, ihr naturgegebenes Streben nach Macht und Anerkennung hinter der Maske der Selbstaufopferung zu verstecken. Sollten sich dennoch heimliche Sehnsüchte an die Oberfläche des Bewusstseins wagen, müssen solche Teile abgespalten werden und ein eigenes Leben führen.

Wenn die Selbstaufgabe eines Anpassers im Laufe seines Lebens von ihm selbst oder durch äußere Einflüsse zunehmend infrage gestellt wird, dann beginnt auch die Aufopferung des

Freundes oder Partners immer mehr lästig und störend zu werden. Das ist die Zeit, in der Anpasser beginnen, fremdzugehen oder sich neue Freunde zu suchen.

Das *Streitverhalten zweier Nichtstreiter* zu analysieren, dürfte einem Beobachter schwer fallen, denn ein Streit zwischen ihnen findet eigentlich nicht statt. Für beide gilt, dass eine zwischenmenschliche Beziehung, bestehend aus zwei Einzelwesen, allein dem gegenseitigen Nutzen gilt. Nämlich genau das ist die klassische Definition für eine Symbiose und auch für die Grundhaltung von Nichtstreitern für das Zusammenleben und/oder Zusammenarbeiten. Dass dabei auch ein emotionaler Austausch stattfindet, wird von Nichtstreitern nicht kategorisch abgestritten, aber auch nicht als notwendig erachtet.

Man möge nun meinen, das sei gewiss die ideale Voraussetzung, um keinen Krach miteinander zu kriegen, und solange zwei Nichtstreiter nur geschäftlich zusammen zu tun haben, mag das oberflächlich betrachtet zunächst nur von Vorteil sein.

Aus meiner Erfahrung in der Beratung von Mitarbeitern und Teams in Unternehmen wird die betriebliche Atmosphäre unter typischen Nichtstreitern jedoch als eher zu emotionslos und unterkühlt beschrieben, und nicht selten kam hierzu der Wunsch nach mehr menschlicher Wärme und persönlicher Nähe am Arbeitsplatz. Nichtstreitertypen lösen Meinungsunterschiede und Probleme miteinander rein sachlich und scheinbar ohne Gefühle. Jedenfalls werden solche nicht geäußert. Wo aber aufkommender Frust und Ärger, Ängste und seelische Betroffenheit ausgeklammert werden, kann auch kein Platz für Spaß und Lebensfreude sein. Das eine geht nicht ohne das andere, es sei denn, solcherlei Gefühle werden unter strengen Verschluss genommen und in den Untergrund gedrängt.

Daraus lässt sich ableiten, dass Intimbeziehungen zwischen Nichtstreitern nicht nur bei Meinungsverschiedenheiten weitgehend affektfrei funktionieren. Inwieweit das Liebesleben zwischen Nichtstreitern bei einem, wie zu vermuten ist, mangelnden Einfühlungsvermögen und Mitgefühl befriedigend sein kann, soll hier nicht erörtert werden. Ich selbst habe Paare erlebt, die sich beide als typische Nichtstreiter outeten, aber gleichzeitig wünschten, affektvoller miteinander streiten zu können.

Für Nichtstreiterbeziehungen gilt dasselbe wie für Beziehungen unter Anpassern: Der Zusammenhalt ist nur gesichert bei einem hohen Grad gemeinsamer Bedürfnisse und Interessen. Ansonsten fallen solche Verbindungen früher oder später auseinander. Die Trennungsstreitigkeiten zeigen sich bei beiden Typen jedoch sehr unterschiedlich. Während Anpasser mit vielen, oft dramatischen Gefühlen von Schmerz und Angst auseinander gehen, trennen sich Nichtstreiter eher kurz und schmerzlos. Aber auch bei ihnen fliegen am Ende nicht selten Gegenstände durch die Luft, es knallt hörbar und manchmal mit körperlicher Gewalt, denn zu lange hat man die Aggressionen als nicht vorhanden erklärt.

Streiten zu dritt

Die oben genannten Beispiele beziehen sich ausschließlich auf Streitigkeiten zwischen zwei Streitern oder Streiterinnen. Ich habe bewusst auf Beispiele verzichtet, bei denen mehr als zwei Personen beteiligt sind. Doch kommt es vor, dass auch drei und mehr StreiterInnen miteinander zoffen. Solche Konflikte habe ich schon mehrfach erlebt und auch als Familientherapeut oder als Supervisor in Teams begleitet. Dabei fühlte ich mich manchmal heillos überfordert und ohnmächtig. Diese Herausforderung können alle verstehen, die derartiges Chaos schon selbst mitgemacht haben oder bei Streitigkeiten schlichtend eingreifen wollten. In der Rolle als Streittrainer oder Therapeut musste ich in solch destruktiven Systemen schon manches Mal meine ganze Autorität und Power einsetzen, um überhaupt erst mal zu Wort zu kommen. Solche chaotischen Streitigkeiten klärend darzustellen und übersichtlich zu analysieren, würde den Rahmen dieses Buches sprengen, doch sei hier auf einige wenige Aspekte zu diesem Thema hingewiesen.

Bei einem Streit zu dritt oder mehreren sind in der Regel die gleichen Streittypen und Streitmuster zu beobachten, wie ich sie bei den Beispielen zweier Streitgegner beschrieben habe. Die Abfolge der Typen und Muster unterliegt jedoch dem gruppendynamischen Prozess und dessen vielfältigen möglichen Interaktionen. Zum Beispiel wechseln die Streiter bei einem Gruppenstreit häufiger den Streittyp und dessen Muster als bei einem Streit zu zweit. Dabei werden Anpasser vorübergehend zu Motzern und trumpfen mächtig auf. Die Motzer nehmen Züge des Nichtstreiters an, in dem sie plötzlich ganz ruhig und sachlich zu argumentieren versuchen und Nichtstreiter geraten in Gefahr, sich rechtfertigen zu müssen. Die Verletzer schlagen viel schneller als sonst zu oder zeigen sich angepasst und schlichtend. Das alles ist nur ein Ausschnitt der mannigfaltigen Möglichkeiten des Wechsels von einem Streittyp in einen anderen. Dahinter erkennt man die Regeln der Gruppendynamik, von denen hier nur einige genannt werden.

Wenn es also „knallt" und ein Konflikt bricht aus, haben aktive Streittypen wie Motzer und Verletzer mit ihrer Lautstärke generell die Oberhand und dominieren den Streit. Gleichzeitig können andere, ebenfalls Motzer und Verletzer, erstaunlich ruhig werden, weil sie zum Beispiel endlich einmal die ewig schwere Rolle des dominanten Antreibers vorübergehend loslassen und anderen Motzern und Verletzern als Streitkumpanen das Feld überlassen. So wechseln sich die Wortführer ab und entspannen sich in den kurzen Zwischenphasen, um bald wieder einzugreifen.

Wenn somit zum Beispiel ein Motzer im Gefecht plötzlich still wird und sich zurücknimmt, kann das für einen Anpasser das Signal sein, sich seinerseits vorzuwagen und ganz entgegen seiner sonstigen Muster in den Angriff überzugehen. Im unübersichtlichen Streitgetümmel probiert so mancher Streiter, völlig unbewusst und ungewollt, für ihn ganz neue Rollen und Streittypen aus. Das heißt, dass die Streiter im Schutz des Chaos in der Gruppe ihre Selbstkontrolle aufgeben und frei agieren oder vorübergehend gebannt zuschauen.

In diesem Prozess entstehen dann neue destruktive Rollensysteme, zum Beispiel nach dem Muster von „Opfer, Retter und Verfolger" (nach der Transaktionsanalyse), deren Rollen im Konfliktfalle sich laufend verändern.

Zusammenfassung

Die vier Streittypen sind ein destruktiver Versuch im Ringen um Anerkennung und Liebe,
eine Möglichkeit, miteinander Krach zu kriegen,
ganz leicht unglücklich zu werden und Konflikte garantiert *nicht* zu lösen
oder sie sind nur – eine schlechte Angewohnheit.

Testen Sie sich: Zu welchem Streittyp neigen Sie?

Mit dem Modell der vier Streittypen arbeite ich seit einigen Jahren in Vorträgen und Seminaren. Was mich dabei immer wieder überrascht, ist, wie Erwachsene und Jugendliche im Gespräch sehr bald darüber reden, in welchem der Streittypen sie sich selbst erkennen; vorausgesetzt sie können sicher sein, von anderen dabei nicht ausgelacht oder abgewertet zu werden.

So kommen sehr schnell selbstkritische Dialoge in Gang, die in jeder Art von Beziehungen eine Einsicht darüber herstellen, wie sie bei Konflikten untereinander agieren und reagieren:
„Ich glaube, ich bin eher ein Anpassertyp und du bist eher ein Motzer", sagt eine Frau nach einem Vortrag zu ihrem Ehemann. Dieser bestätigt ihre Wahrnehmung und fügt hinzu: „Manchmal fängst du dann aber auch an, aggressiv zu werden und gegen mich zu motzen." „Ja", meint seine Frau, „das stimmt. Wenn ich gar nicht mehr anders kann, dann werde ich auch mal laut und dann verschlägt es dir die Sprache." Das gibt der Ehemann zu und ergänzt: „Ich vermute, in solchen Momenten falle ich aus meiner Rolle als Motzer und gehe in den Anpasser, weil du dann motzt."

Solche und ähnliche Zwiegespräche helfen, den eigenen angelernten Streitstil zu erkennen und ermöglichen spätere positive Veränderungen beim Streiten.
Bei der Aussprache über die Streittypen kommen in der Regel viele Fragen von den Beteiligten, wie zum Beispiel von einem Vater: „Ich glaube schon, dass ich im Ernstfalle zum Verletzer

werden kann, aber geschlagen habe ich meine Kinder noch nie. Was bin ich dann?" Darauf gab ich die Frage an die beiden Söhne der Familie weiter und wollte wissen, ob sie die verbalen Attacken ihres Vaters als kränkende Beleidigung erleben. Diese schauten sich daraufhin fragend an und waren sich in ihrer Beurteilung sehr schnell einig. Der Ältere sagte dann mit Unterstützung seines Bruders: „Vater, du bist kein Verletzer, aber ein ausgesprochener Motzer." Und der Jüngere legte noch mal nach: „Verletzer streiten ganz anders; da müsstest du mal zu uns in die Schule kommen."

So können sich in einem offenen Meinungsaustausch die Selbstbilder und Eindrücke vom anderen klären und das Vertrauen stärken.

Bei einer anderen Unterhaltung über die vier Streittypen sagte mir einmal ein Mann im Beisein seiner Partnerin: „Ich gebe zu, ein typischer Nichtstreiter zu sein, und wie Sie, Herr Moosig, den Nichtstreiter hier beschreiben, hört sich das eher wertschätzend an, so nett habe ich das von ihr (er deutet dabei auf seine Frau) noch nie gehört. Sie meckert immer an mir rum, was ich alles nicht kann oder verändern soll." Ich unterbrach ihn und bemerkte mit einem Schmunzeln: „Nun motzen sie aber!" und wir alle lachten. Dieses Gespräch löste im weiteren Verlauf bei der Frau eine tiefe Einsicht aus, indem sie sagte: „Ich habe heute gelernt, bei dir als Nichtstreiter nicht immer nur die negativen Seiten zu sehen. Das will ich gerne verändern." Am Ende der Unterredung hörte ich noch, wie sie zu ihrem Mann sagte: „Ich bin froh, dass du kein Anpasser bist oder gar ein Motzer so wie ich manchmal, das wäre schrecklich." An diesem Beispiel will ich deutlich machen, wie nutzbringend eine gemeinsame Betrachtung über die Art, wie wir streiten, sein kann.

Zuerst steht jedoch die Frage: *Welcher Streittyp bin ich selbst.* In welchem der vier Streittypen sehe ich mich am ehesten? Kommt bei mir manchmal auch ein zweiter Streittyp vor? Und auch wenn ich noch nicht gänzlich konstruktiv streiten kann, von welchem anderen Streittyp würde ich bei mir etwas mehr haben wollen?

Bevor wir auf die Suche nach dem eigenen Streittyp gehen, sei noch gesagt, dass das Modell der vier Typen nur ein grobes Raster zur Selbstfindung bietet. Die angeführten Beschreibungen eines Typs müssen nicht alle beim Betrachter vorkommen, damit man sich als einen solchen Streittypen erkennt. Ausschlaggebend dafür ist entweder die Summe der ganzen Beschreibung oder nur ein einziges hervorstechendes Merkmal.

Eine Frau schilderte zum Beispiel, dass sie sich bei genauer Betrachtung des Modells in den allermeisten Darstellungen selbst nicht wiederfinden konnte. Eine der genannten Eigenschaften aber erkannte sie für sich selbst als herausragend: „Ich glaube, ich bin das alles nicht, was ich bei der Anpasserin lese, aber ich bin beim Streiten meistens >nachgebend< und deswegen bin ich eben doch eine Anpasserin."

Ich unterscheide bei jedem destruktiven Streittyp eine ganz normale Form, die gerade noch identifizierbar ist (wie am Beispiel der Anpasserin oben) und die ausgeprägte Extremform. Eine solche extreme Form am Beispiel eines Nichtstreiters wurde mir bei einer Beratung von einem Mann bestätigt: „Ich muss es ehrlich zugeben, alles was da geschildert wird, trifft genau auf mich zu. Mein Verhalten bei Konflikten ist ebenso exakt beschrieben wie meine innere Haltung. Es ist erschreckend, sich so im Spiegel zu sehen. Aber das hilft mir. Ich will daran etwas ändern."

Es gibt verschiedene Wege zur Selbsterkenntnis mit den vier Streittypen.

Egal wie wir dabei vorgehen, der erste Schritt ist die Bereitschaft zur ehrlichen und kritischen Selbstbeobachtung. Mit dieser inneren Haltung und dem Blick auf die vier destruktiven Streitstile mag es sein, dass man sich ganz spontan den einen oder anderen Typen freiwillig zuschreibt.

Dieser intuitive Weg kann dazu führen, dass einem noch ein zweiter Typ nahe erscheint. Vielleicht hilft es, die vier detaillierten Beschreibungen nochmals in Ruhe zu lesen und die Grafiken zu betrachten. Auch das nachfolgende Spiel mit den 5 Punkten kann diesen Prozess der Selbstwahrnehmung unterstützen.

Aufgabe:

Sie haben 5 Vergabe-Punkte.

● ● ● ● ●

Geben Sie sich einen oder mehrere Punkte in Ihre Typenfelder.
Vergeben Sie alle 5 Punkte.
Welcher Streittyp überwiegt bei Ihnen?

Zusätzlich könnte es aufschlussreich sein zu überprüfen, welches Streitverhalten die Mitglieder Ihrer Herkunftsfamilie zeigten. In diesem Fall ist es angebracht, das 5-Punkte-Spiel ebenso für ihren Vater, die Mutter und die Geschwister zu machen. Die damit verbundenen Fragen sind: Was habe ich als Kind über das Streiten gelernt? Welche Streittypen habe ich nachgeahmt? Oder habe ich zum Ausgleich der Konfliktdynamik in meiner Familie unbewusst ein gegensätzliches Streitmuster entwickelt?

Zum Beispiel höre ich häufig von Nichtstreitern, dass ihnen das laute und häufige destruktive Gezänk der Eltern total zuwider war. Oder von Anpassern, dass sie als Kinder bei Meinungsverschiedenheiten mit den Eltern keine Chance hatten, ihren eigenen Willen kundzutun.

Das Spiel mit den 5 Punkten kann man ebenso als ernsthaftes Unterhaltungsspiel in einer Familienkonferenz durchführen. Nur sollte man vorher besser vereinbaren, dass es dabei keinen Streit gibt und niemand beleidigt das Spiel abbricht. Zum praktischen Spielverlauf ist es sinnvoll, dass jeder Mitspieler für jeden anderen 5 Punkte in die vier Streittypenfelder vergeben darf. Für alle solche konstruktiven Gesellschaftsspiele gilt der Grundsatz, dass die offene und vertrauensvolle Aussprache über das Verhalten bei eventuellen Streitigkeiten im Vordergrund steht. Daraus ergibt sich die Schlussfolgerung, dass es nicht sinnvoll erscheint, solche Gespräche und Rückmeldungen zu versuchen, wenn es gerade gekracht hat.

Wenn Sie mehr als drei der folgenden Sätze bei Streitigkeiten gebrauchen, ist die Wahrscheinlichkeit sehr hoch, einem der vier Streittypen anzugehören.

Haben Sie folgende Aussagen schon mal gemacht?

- ☐ Immer dasselbe mit dir!
- ☐ Jetzt fängst du schon wieder an!
- ☐ Das seh' ich überhaupt nicht ein!
- ☐ Du hast auch immer was zu meckern!
- ☐ Kannst du mir nicht ein einziges Mal zuhören?
- ☐ Muss das jetzt schon wieder sein?
- ☐ Ich rede kein Wort mehr mit dir!
- ☐ Du bist wie deine Mutter!
- ☐ Kannst du denn nicht mal zugeben, dass…?
- ☐ Lass' mich bloß damit zufrieden!
- ☐ Habe ich nicht immer alles für dich getan?
- ☐ Deine Ausreden kann ich schon nicht mehr hören!
- ☐ Ich weiß genau, was du denkst.
- ☐ Kommst du mal bitte zur Sache?
- ☐ Wenn du jetzt dein Gesicht sehen könntest!
- ☐ Du ekelst mich an!
- ☐ Auf mich hört ja sowieso keiner!
- ☐ Ausgerechnet du musst mir das sagen!
- ☐ Mehr fällt dir dazu wohl nicht ein!?
- ☐ Halte deine verdammte Schnauze!
- ☐ Was ist denn jetzt schon wieder los!?
- ☐ Du immer mit deinen Gefühlen!
- ☐ Mit dir kann man ja sowieso nicht reden!
- ☐ Hast du denn überhaupt keine Gefühle!?
- ☐ Immer muss ich für alles herhalten!
- ☐ Das geht mir am Arsch vorbei!
- ☐ Ich könnte dir rechts und links…!
- ☐ Nach mir kräht ja kein Hahn!
- ☐ Du hast wohl nicht alle Tassen im Schrank!?

Sollten Sie sich in keiner dieser Aussagen wiedererkennen, könnte es ja auch sein, dass sie wirklich ein fairer und konstruktive(r) Streiterin oder Streiter sind. In diesem Fall können Sie das Modell der vier Typen vielleicht zur Beobachtung anderer gebrauchen oder Sie möchten lieber im nächsten Teil des Buches weiterlesen.

Der Ausweg und die Lösung
– Wenn das Leiden unerträglich wird –

Wie das Leiden zum Handeln zwingt, habe ich selbst als Vierzehnjähriger am eigenen Leib erfahren. Ich war ein sehr friedliebender Junge und bin den Raufereien und Kampfspielen mit den Jungs in der Nachbarschaft und in der Schule stets aus dem Weg gegangen. Das ging so weit, dass sich auch viel jüngere Kinder trauten, mich zu necken und herauszufordern. So wurde ich von der Clique in unserer Straße immer weniger beachtet und ausgegrenzt. Ich ging nur noch ungern nach draußen und spielte lieber im Hause.

Eines Tages, ich musste gerade etwas einkaufen gehen, erwischten sie mich und standen plötzlich alle irgendwie um mich herum. Ausgelacht und verhöhnt bekam ich Angst und rannte weg, so schnell ich konnte, aber die ganze Meute war hinter mir her. Nach einer Weile dieses Rennens, ich hatte mir, weil ich schneller war, einen Vorsprung erlaufen, durchfuhr es mich plötzlich jäh und unverhofft. Mit einem Mal blieb ich ruckartig stehen, schaute zurück und im gleichen Moment blieben auch meine Verfolger stehen. Irgendeine Kraft trieb mich nun an. Ich rannte jetzt auf die Gruppe zu und sie rannten weg. Aber bald hatte ich den Erstbesten, einen Jungen in meinem Alter und etwa gleich groß, gefasst. Ohne eine nennenswerte Gegenwehr presste ich ihn gegen die Hauswand und schlug wie von Sinnen auf ihn ein. Wie lange ich ihn so verprügelte, weiß ich nicht mehr, doch als ich sein Blut im Gesicht sah, wandte ich mich ab. Im Umdrehen und Ruhigweggehen warf ich noch einen kurzen Blick auf die andern. Sie standen angewurzelt und stumm in der Nähe.

Schon damals hatte ich kurz darauf die Ahnung, dass dieser Tag einer der bedeutendsten meiner Jugendzeit war. Geachtet und fast gefürchtet ging ich fortan durch unser Viertel. Die Freunde konnte ich mir von da an freilich aussuchen.

Heute weiß ich, dass diese Tat mein Leben verändert hat, obwohl ich dadurch nicht zum Schläger wurde und auch nicht gleich konfliktfreudig. Das Streiten lernte ich viel später erst, nach einer Reihe von Erfahrungen, die sich heute auch in meiner Klientel widerspiegeln. Dem von mir so gewalttätig verletzten Jungen aber, der Opfer wurde, sage ich immer noch: „Verzeih mir und danke! An dir habe ich die Demütigungen meiner Kindheit rausgelassen."

Vom Opfer zum Täter zu werden heißt nicht, destruktives Konfliktverhalten direkt zum Konstruktiven umzuwandeln. So lässt man einen Streittyp auch nicht einfach hinter sich nach dem Motto: „Das war's dann. Ab heute streite ich fair."

Lernaufgaben für unzufriedene Streittypen

Jeder von uns hat in persönlichen Lebenskrisen oder bei Neuentscheidungen seinen ganz persönlichen Knackpunkt, den es anzupacken gilt. Diesen eigenen inneren Lernauftrag oder Ausweg zu finden, ist der erste Schritt auf dem Weg. Die hier skizzierten Tipps können nur grobe Anhaltspunkte dafür sein, welches die Lernaufgaben für unzufriedene Streittypen sein können, die es zu bewältigen gilt.

Der Anpasser: sollte sich fragen, ob er sich beim Streiten weiterhin so zurückhalten will wie bisher. Die Frage ist also, ob Sie mit Ihrem bisherigen Verhalten bei Konflikten wirklich zufrieden sind, oder gibt es Situationen, bei denen Sie in Zukunft Ihre eigene Meinung vielleicht etwas eher und lauter kundtun könnten?

Der Motzer: sollte sich erst mal ruhig zurücklehnen, tief ausatmen und dann nachprüfen, ob er sich wirklich bei Konflikten immer gleich für alles verantwortlich fühlen muss. Hören Sie doch zunächst mal rein, ob die Vorschläge der anderen nicht auch ganz brauchbar sind und geben Sie ihnen eine Chance.

Der Verletzer: muss lernen, seinen unwiderstehlichen Drang, andere empfindlich treffen zu müssen, als eine Sucht anzuerkennen. Halten Sie vor einer körperlichen oder psychischen Attacke erst mal kurz inne. Bleiben Sie aber bei Ihrer Offenheit und Direktheit und fragen Sie öfter mal nach: „Hat dich das von mir verletzt?"

Der Nichtstreiter: braucht eigentlich nichts zu verändern, denn ein Leben ohne zwischenmenschliche Konflikte ist nichts Schlimmes, zumindest nicht so lange, wie Sie in Beziehungen nicht als emotionslos oder langweilig erlebt und kritisiert werden. Ansonsten gilt für Sie: Viel Freude beim Fühlenlernen.

Häufig werde ich gefragt: Wie geht man mit so einem Streittypen um? Wie komme ich besser an ihn ran? Wie kann ich ihn oder sie verändern? Dazu möchte ich hier auf einige Unwiderlegbarkeiten aufmerksam machen.

Grundsätzlich gilt die Regel: Man kann niemanden verändern. Veränderungen müssen immer bei sich selbst beginnen. Die Schritte hin zur gewünschten Veränderung, ob in der Partner- oder Freundschaft, ob in der Familie oder Beziehungen des Alltags sind:

1. Was soll sich verändern? Beschreiben Sie genau, welches Verhalten der oder die andere zeigen soll oder welches Verhalten unterlassen werden soll. Das Denken und Fühlen des Gegenüber muss davon ausgenommen werden.

2. Teilen Sie dem anderen Ihre Wünsche mit und achten Sie darauf, was Sie an „ihm" oder „ihr" wütend macht oder ärgert. Was an Ihrer Kritik hat mit Ihnen selbst zu tun und fällt unter Ihre eigene Verantwortung.

3. Überprüfen Sie, ob man Ihren Wünschen entgegenkommen kann oder will. Ist das nicht der Fall, welche Konsequenz hat das für Sie? (Eine detaillierte Beschreibung mit Beispielen finden Sie im Kapitel „Die drei Schritte des fairen Streitens", Seite 116ff).

Falls Sie es mit einem oder einer der vier Streittypen zu tun haben, überprüfen Sie zunächst selbstkritisch, zu welchem Streittyp neigen Sie in diesem Konflikt. Sollten Sie sich in keinem der destruktiven Streittypen wiedererkennen können, müssen Sie sich fragen, ob Sie wirklich und auf Dauer bereit sind, mit einem Anpasser, Motzer, Verletzer oder Nichtstreiter eine Beziehung haben zu wollen. Vielleicht schaffen Sie es auch, „ihn" oder „sie" dazu zu bringen, dieses Buch mit Ihnen gemeinsam zu lesen. Meine Erfahrung aus unzähligen Paarberatungen ist: Es ist äußerst schwierig, jemanden zur Selbstreflexion hinzuführen, der oder die sich dafür nicht interessiert.

Ansonsten gilt: Bleiben Sie dabei, den anderen nicht abzuwerten, zeigen Sie mit Ihren Gefühlen und im Verhalten, wie Sie die Probleme angehen und setzen Sie Grenzen, wenn Sie abgewertet werden. Fragen Sie einen Anpasser geduldig nach seiner Sicht der Dinge und nehmen Sie ihn ernst bei seinen Wünschen.

Vielleicht traut er sich mit der Zeit, mehr von sich selbst zu zeigen. Ähnliches gilt, wenn Sie es mit einem Nichtstreiter zu tun haben, aber werfen Sie ihm niemals Gefühllosigkeit vor. Mit einem Motzer zu leben, wird schon weit schwieriger. Wahrscheinlich werden Sie es mit ihm beim Zuhörenkönnen zur Meisterschaft bringen müssen oder Sie bringen das Kunststück fertig, einen „motzfreien" Tag in der Woche zu vereinbaren. Mit einem Verletzer muss Ihr persönliches Interesse an ihm schon sehr groß sein, denn ihm müssen Sie superklare Grenzen setzen, sonst werden sie zu äußersten Konsequenzen herausgefordert.

Teil 3

Aggressionen und Gefühle – wohin damit?

Kreativ-aggressiv sein dürfen
– Die Impakt-Theorie von Dr. George R. Bach –

Die Aggression als konstruktive Lebensenergie zu begreifen, ist der erste Lernschritt zum fairen Streiten. Dazu hat George Bach, Professor für Psychologie an der University of California, Los Angeles, als weltweit bekannter Aggressionsforscher einen für die Therapie entscheidenden Beitrag geleistet. Mit seinen bahnbrechenden Ideen hat er eine Theorie und Praxis des Streitens entwickelt, die uns hilft, mit einfachen Regeln den Umgang mit Aggressionen völlig neu zu verstehen. Bachs Hauptdefinition über Aggression von 1966 habe ich hier in Teilen leicht umgestaltet und gekürzt, ohne damit seine Grundaussagen zu verändern.

Danach ist Aggression:
„Ein breiter Sammelbegriff, der sich auf verschiedene Gefühle, Gedanken und Aktionen bezieht, die natürlicherweise auftreten, wenn sich Menschen gegenseitig frustrieren oder miteinander streiten, etwa wenn sie Veränderungen fordern oder ablehnen. Sowohl der Antrieb als auch die Äußerung der Aggression reichen von einfacher harmloser Selbstbehauptung (fest aber unschädlich) bis zu verletzender Feindseligkeit. Sich behaupten, eine Forderung stellen oder Einfluss ausüben (Impakt), um etwas zu klären, zu berichtigen oder zu bewahren, steht auf der unschädlichen Seite der Aggressionsdimension. Auf der schädlichen Seite der Aggression stehen „Feindseligkeit und Gewalttätigkeit" (siehe G. R. Bach und Peter Wyden „Streiten verbindet" 1971).

Diese umfassende Definition schließt alle anderen konstruktiven Aggressionstheorien des 20. Jahrhunderts in sich ein. Für die

Praxis hat Dr. Bach zusammen mit Herb Goldberg für Paare und Familien Rituale zur Aggressionsäußerung und Übungen entwickelt, die in dem Buch „Keine Angst vor Aggression" zusammengefasst sind (Bach, Goldberg 1977).

Das vorliegende >Aggressionsmodell<, nach der Theorie von George Bach und Mitarbeitern, habe ich nach meinen praktischen Erfahrungen ergänzt und Beispiele aus meinen Fair-Streittrainings hinzugefügt.

Die >Impakt-Theorie der Aggression< betrachtet die Aggression als Instrument, um Veränderungen im Beziehungssystem zu Wege zu bringen.

Im Modell (siehe Skizze 1) erkennen wir auf der rechten Seite >die Impakt-Aggression< (Abkürzung = I. A.) Diese Aggression ist grundsätzlich konstruktiv und lässt der Kreativität alle Möglichkeiten des Ausdrucks. Menschen, die sich derartig streiten, sind oft lautstark, aber nie verletzend. Es geht ihnen bei Auseinandersetzung vor allem um die faire Selbstbehauptung ihres auf ein Ziel ausgerichteten Willens. Ganz natürlich ergibt sich dabei die Beeinflussung des Streitgegners; wie sollte es anders sein, wenn zwei Streitende um unterschiedliche Standpunkte kämpfen. Die innere Einstellung solcher Streiter und Streiterinnen ist geprägt von konstruktiven Grundhaltungen wie:

– „Ich bin da, so wie ich bin."
– „Es ist mein natürliches Recht, meinen Willen und das, was ich anders will als du, klar und deutlich auszudrücken.
– „Ich zeige dir unmissverständlich meine Grenzen und meine Gefühle."
– „Es ist unvermeidlich, dass ich dich dabei beeinflusse und herausfordere, doch es ist nicht meine Absicht, dich zu verletzen oder herabzuwürdigen."
– „Ich will den Streit mit dir bis zur Gürtellinie austragen und um mein Recht kämpfen!"
– „Ich achte dich als meinen Gegner."

Die Erwiderung des angesprochenen Streitgegners könnte danach, wenn „Er" oder „Sie" konstruktiv aggressiv reagiert, wie folgt eingeleitet werden:

- „Du willst mit mir streiten und das ist dein Recht."
- „Ich werde dir zuhören, auch wenn ich dabei Angst und Wut fühle."
- „Diese Gefühle werde ich dir zeigen als emotionale Antwort."
- „Auch wenn ich verletzt bin, beleidigt oder mich ertappt fühle, ich zeige es dir."
- „Wenn ich Unrechtes getan habe, übernehme ich dafür die Verantwortung, weil ich weiß, dass du mich dann dafür achtest."
- „Ich will mit dir fair um die Lösung des Problems ringen."

Mit diesen bewusst konstruierten Aussagen will ich veranschaulichen, wodurch sich die >Kunst des fairen Streitens< im Idealfall ausdrücken könnte. Diese Grundhaltungen oder nur Teile davon sollen die Theorie der >Impakt-Aggression< verdeutlichen. Lebensnahe Beispiele dafür finden Sie im Kapitel „Die drei Schritte des fairen Streitens" ab Seite 116.

Auf der linken Seite des Aggressionsmodells steht die >Feindselige Aggression< (Abkürzung = F. A.). Diese Aggression ist grundsätzlich destruktiv. Man könnte auch sagen, Menschen mit dieser Form der Aggression werden am Feind selig. Solche Dimensionen der Aggression äußern sich oft auch in Gewalttätigkeiten und im rücksichtslosen Angriff gegen andere und gegen sich selbst, zum Beispiel körperliche und verbale Verletzungen, Sadismus, Autoaggressionen wie Magersucht und Suizidalität, kriminelle Handlungen wie Vergewaltigung, Unterschlagung und vieles andere. Eine der häufigsten Ausdrucksformen destruktiver Aggression sind die versteckten Feindseligkeiten. Diese Aggression ist nur an der schädigenden Wirkung des Verhaltens auf das Opfer erkennbar. Ein Beispiel dafür ist das weit verbreitete Mobbing. Die Unterscheidung zwischen den konstruktiven und destruktiven Ausdrucksformen von Aggressionen wird besonders deutlich an der emotionalen Grundstruktur der Aggressoren auf beiden Seiten.

Das Aggressionsmodell

Skizze 1

Feindselige Aggression (FA) = destruktiv	Dimensionen Teilbereiche Ausdrucksformen			Impakt Aggression (IA) = konstruktiv
Gewalt Gewalttätigkeit	Ultimative Forderung	Wille zur Durchsetzung	Wille zur Veränderung	Selbst-Behauptung Beeinflussung
Körperliche und verbale Verletzungen	„Das/Hier ist meine letzte Bedingung!"	„Es ist für mich dringend notwendig, dass ..."	„Ich brauche ..." „Ich will ..."	„Ich bin da – mit meinem Recht auf offene und direkte Willensäußerung. Ich zeige meine Grenzen und kämpfe für meine Ziele".
Rücksichtsloser Angriff	Ultimative Grenze, Androhung von Konsequenzen.	Der Wille, den Veränderungswunsch durchzusetzen.	Wunsch und Absicht nach Veränderung. Bewahrung.	
zerstörend vernichtend			von fest aber unschädlich bis harmlos	
Körperliche und gedankliche Vergewaltigung, z.B. Sadismus, Autoaggression, z.B. Magersucht, Suizid, Unterschlagung u.ä.	Beispiele für Ausdrucksformen: die Angriffsliebe – der heilige Zorn – die Flucht – die Notwehr – der Freudenschrei – Ablehnung – lustvolle Sexualität – Wollust – sportliche Wettkämpfe – Psychospiele – Ersatzverhalten.			

→ Grenze zur Gewalt und Gewalttätigkeiten
→ Arbeitsbereich „Gürtellinie" im Fair-Streittraining

Während die konstruktive Aggression sich überwiegend durch den Ausdruck spontaner und notwendiger Gefühle zeigt, zum Beispiel echter Angst, natürlichem Ärger, autonomer und kurzzeitiger Wut, aber auch Mitgefühl mit dem Angegriffenen, äußert sich feindselige Aggression vornehmlich in unendlichem Groll, zerstörerischem Hass und Selbsthass. Dazu hat der renommierte Psychiater und Psychoanalytiker Arno Grün mit seinem Buch „Der Wahnsinn der Normalität" (1987) einen eindrucksvollen Beitrag geleistet. Seine grundlegende Theorie zur Destruktivität bezeichnet den Selbsthass als Ursprung jedweder Gewalt des Menschen. Nach Grün begeht der Mensch einen Verrat an sich selbst, wenn er aus Angst vor Autonomie sich Machtstrukturen unterwirft, deren Zerstörung erst das Gefühl des eigenen Lebendigseins vermittelt. Während Grün zur Erklärung der Destruktivität das Krankheitsbild der Schizophrenie mit der Spaltung von Innen- und Außenwelt heranzieht, spricht Horst Eberhard Richter in seiner Analyse der Gewalt von unserer heutigen „paranoiden Einstellung". Diese innere Haltung entsteht dadurch, dass wir unsere eigenen feindseligen Gefühle abspalten, sie an unsere Mitmenschen delegieren und deshalb dann befürchten müssen, dass diese Aggressionen gegen uns gewendet werden. So projizieren wir nach Richter das Negative, Brutale und Aggressive hinaus und sehen uns in der Folge nur noch von Aggression und von Zerstörung umgeben. Das sich daraus entwickelnde Weltbild teilt sich nach Einschätzung Richters in Gewalt und Gegengewalt (H. E. Richter, „Zur Epidemie der Gewalt").

Mit dem vorliegenden Aggressionsmodell hat Dr. George Bach immer wieder auf die Gefahren einer unterdrückten Aggression hingewiesen, die fast immer in feindseliger Aggression und Gewalttätigkeit endet. Für die Frage „Gewalt oder nicht Gewalt" ist die Unterscheidung von konstruktiver und destruktiver Aggression äußerst sinnvoll und praktisch anwendbar. Dazu nutzen wir im Fair-Streittraining den >Kampf um die Gürtellinie< (siehe in der Skizze: die fettgedruckte Linie zwischen den Bereichen Gewalt und ultimative Forderung). Die Gürtellinie bezeichnet, als uraltes Symbol der Kraft, die Grenze von Fairness und dem unfairen Schlagen unterhalb dieser Linie auf der Höhe der Taille. Für das Streiten entscheidet sich an dieser Grenze für jeden Einzelnen von uns: Welche Handlungen und verbalen Ausdrücke sind für mich persönlich unter der Gürtellinie? – Was verletzt mich so sehr, dass ich nicht mehr zuhören kann? – Welche Schimpfworte, Beleidigungen, Erpressungsversuche und Deformierungen kann und will ich nicht zulassen? – Wofür und um was muss ich kämpfen? – Sind für mich abwertende Vorhaltungen wie: „Du bist wie deine Mutter!" – „Du bist ein Scheißkerl, ein Arschloch oder ein Miststück!" einwandfreie Schläge unterhalb dieser Grenze? – Oder gibt es für mich außer verbalen und körperlichen Verletzungen ganz andere Grenzen der Fairness? – Zum Beispiel, wenn mich beim Streiten der Gegner einfach stehen lässt, weggeht und meine Gefühle und Veränderungswünsche völlig ignoriert?

Nach der Auseinandersetzung an der Gürtellinie muss sich ein jeder Aggressor, ob Täter oder Opfer, fragen, welches sind die Folgen dieses Streites für einen selbst. Welche Konsequenzen haben zum Beispiel Gewalttätigkeiten für beide Parteien und wie kommt es zu Wiedergutmachungen und zum Ausgleich? Das Besondere an George Bachs Arbeit mit den Streitenden war, dass er, wie kein anderer, immer wieder Rituale und spielerische Regeln in den Prozess eingebracht hat (siehe auch das Streitritual „Rund um die Gürtellinie", Seite 147).

Wir, die Trainer, konnten in den Fortbildungsworkshops wie ich bei seinen engsten Mitarbeitern an lebendigen Beispielen mit den Teilnehmern lernen, wie im Schutz der Rituale faire Kommunikation meist auch in spaßiger Weise und hautnah möglich wurde. Das Ende im Kampf an der Gürtellinie muss nach Bachs System immer mit einem Ausgleich und einem Abschlussritual ausklingen. Grundlegend für einen Streit ist nach seiner These, *wenn einer von beiden gewinnt, verlieren beide.* Konstruktive Aggression zeichnet sich gegenüber Feindseligkeit durch Vereinbarungen aus, die beiden Aggressionspartnern prinzipiell die Chance geben, etwas für den Ausgleich und die Verbesserung der Beziehung tun zu können. Feindseligkeit lässt dagegen keine Chance zu und stagniert in Gedanken und Verhaltensweisen, wie ich sie bei den von mir entdeckten vier Streittypen im Teil 2 des Buches ausführlich beschrieben habe.

Im Aggressionsmodell sehen wir zwischen den beiden entgegengesetzten Dimensionen der Aggression (konstruktiv = I. A. und destruktiv = F. A.) in der Mitte drei weitere Teilbereiche, die zum näheren Verständnis des komplexen Phänomens Aggression beitragen. Diese sind, von rechts nach links mit zunehmend aggressiver Tendenz, der notwendige Wille zur Veränderung von Situationen über den absoluten Willen zur Durchsetzung von Veränderungswünschen bis zur Entscheidung, ultimative Forderungen zu stellen.

Menschen unterscheiden sich in ihrer Fähigkeit, besonders bei Konflikten in Intimbeziehungen, ihre Aggression mobilisieren zu können. Die Angst zum Beispiel, eine Liebesbeziehung zu verlieren, spielt bei der Frage, wie wir Aggressionen und Ärger bei den Streitigkeiten einsetzen, eine wesentliche und oft entscheidende Rolle. Auch in Geschäftsbeziehungen und am Arbeitsplatz gibt es, auf Grund von Abhängigkeiten und existenzieller Hintergründe, situativ genügend Gründe zu Aggressionshemmungen und die meist unbewusste Tendenz, seine Aggression zurückzuhalten. Dabei wird wiederum das gesellschaftliche Muster deutlich, seinen Ärger und die Aggression nicht zeigen zu dürfen. Daneben werden aber auch individuelle Aggressionsmuster wirksam, die sich in Konfliktsituationen bei jedem Einzelnen bei uns meist völlig selbstständig, das heißt unbewusst ereignen. Für die drei Teilbereiche des Aggressionsmodells gebe ich hier einige Beispiele:

Für den ersten Schritt, *Veränderungen zu verlangen* und Wünsche klar zu formulieren, braucht es die Fähigkeit und den Willen zu sagen: „Ich brauche …"; „Ich will …". Dasselbe gilt, wenn wir Wünsche anderer ablehnen oder uns selbst oder andere vor einer Veränderung, einer Beeinträchtigung, einem Verlust oder Gefahren bewahren wollen. Wenn die Wünsche erfüllt werden, gibt es kein Problem. Wenn die Veränderungen oder die Bewahrung abgelehnt werden, kommt es zum Streit. Die Angst vor solch spannungsgeladenen Situationen, sich notwendigerweise aggressiv zeigen zu müssen, lässt viele Menschen vor der offenen

Willenserklärung zurückschrecken. Die aggressive Kraft wird in diesem Falle gar nicht erst mobilisiert. Solche Menschen leben meist mit einem latenten Mangel, einem Sack unerfüllter Wünsche und in der Gefahr zunehmender Aggressionshemmungen. Körperliche und seelische Krankheiten sind unweigerlich die Folge.

Manche Streiter verbalisieren zwar ihre Veränderungswünsche, ziehen sich danach aber sofort wieder zurück, besonders dann, wenn der andere nicht gleich zustimmt. Auch in diesem Falle wird die notwendige Aggression unterdrückt.

Für den zweiten Schritt, für den *Willen zur Durchsetzung* braucht es halt einen noch größeren Mut zur Aggression. Hier gilt es, die Absicht, etwas zu verändern, vehement durchzusetzen und das Ziel aggressiv zu erkämpfen oder zu bewahren. Diese Fähigkeit, *„dranzubleiben"*, fordert häufig einen großen Einsatz und viel Geduld. Zu sagen:

„Es ist für mich dringend notwendig, dass…" fällt vielen Menschen sehr schwer. Es scheint viel einfacher zu sein, „Psychospielchen" zu inszenieren, den anderen zu umgarnen, zu verwirren oder abzulenken. Diese destruktiven Techniken nennt die Transaktionsanalyse die „Verrücktmacher". Solche aggressiven Entartungen machen zudem auch den aktiven Aggressor selbst verrückt, und am Ende sind beide nur unzufrieden. Auch hier birgt das fehlgeleitete Aggressionspotential jede Menge Gefahren. Die Unzufriedenheit über nicht ausgedrückte Aggression, angefangen von Wünschen zur Veränderung bis zur letztlichen Forderung, ist die Grundlage, auf der die vier destruktiven Streittypen (Anpasser, Motzer, Verletzer und Nichtstreiter) entstehen.

Der dritte und letzte Schritt eines akuten Konflikts ist häufig die *ultimative Forderung*. Für diesen Teilbereich im Prozess des Streitens braucht es abschließend noch einmal die Mobilmachung aller Aggressionen. Viele von uns mögen es aus eigener Erfahrung kennen, welchen Einsatz aller Kräfte es erfordert, die letzte Bedingung zu stellen. Wo vielleicht vorher die Intimität und Freundlichkeit noch überwogen, schafft die Androhung von Konsequenzen eine davor nicht da gewesene Distanz.

„Das hier ist meine letzte Bedingung", sagte einmal eine meiner Klientinnen daheim zu ihrem Ehemann und legte ihm eine Liste mit Paartherapeuten auf den Tisch. „Wenn du wirklich noch an unserer Partnerschaft interessiert bist, rufe jemanden davon an. Ich brauche Hilfe für uns und ich will, dass du mitmachst, ansonsten trenne ich mich von dir."

Dieses Beispiel lässt ahnen, wie viel Angst und Schmerz solche Paare begleiten, wenn es zur Sache geht. Ganz anders zeigt sich eine ultimative Forderung, wenn eine Mutter zu ihrem Sohn sagt: „Wenn du heute wie verabredet nicht den Mülleimer runterbringst, dann gibt es morgen kein Fernsehen." Ob solche Androhungen von Konsequenzen sinnvoll sind, soll hier nicht erörtert werden. Ganz anders aber stellt sich die Frage, wenn in Beziehungen die gestellten Konsequenzen nicht in Handlung umgesetzt werden. Für diesen Fall, besonders wenn sich Inkonsequenz wiederholt, müssen wir solches Tun als destruktive fehlgeleitete Aggression bezeichnen.

Ein anderes Beispiel für Destruktivität ist, wenn jemand nicht gelernt hat, sich Veränderungen zu wünschen, Absichten anzukündigen, einen Konflikt offen auszusprechen und mit dem Partner Schritt für Schritt auszutragen. Stattdessen überspringt ein solcher Aggressor die ersten Schritte und setzt abrupt bei der ultimativen Forderung an.

Um Missverständnisse zu vermeiden, will ich nochmals auf die dicke Grenzlinie links neben der „ultimativen Forderung" hinweisen. Diese Darstellung besagt nicht, dass auf eine allerletzte Forderung zwangsläufig Gewalttätigkeit folgen muss. Wir beobachten das zwar in der Praxis häufig, jedoch kann ein unlösbarer Konflikt auch gewaltfrei enden, zum Beispiel in der Trennung oder dem Abbruch einer Beziehung. Die Aggression kann sich dabei ebenso konstruktiv wie destruktiv ausdrücken.

Insgesamt zeigt das Aggressionsmodell auf der konstruktiven Seite von der Selbstbehauptung bis zur ultimativen Forderung, dass diese Aggression neutral betrachtet von harmlos bis fest aber unschädlich ist. An den Beispielen wird jedoch deutlich, in welcher Weise sich jedes Streitverhalten auch ins Destruktive wandeln kann. An den unteren Beispielen des Modells wird gezeigt, wie Aggression sich nicht nur im Konflikt äußert, sondern auch als Lebensenergie. Zum Beispiel ist hier die Angriffsliebe („Ich habe dich zum Fressen gern") eine bekannte Ausdrucksform genauso wie die lustvolle Sexualität des Menschen. Dazu gehört auch die Wollust und der aggressive Freudenschrei. Im Fair-Streit-training lernen die Teilnehmer das Ausdrücken von Lust und freudevoller Aggression genauso wie das nicht verletzende Mitteilen von Ärger. Eine andere Impakt-Aggression zeigt sich in Ausdrucksformen wie: sportlicher Betätigung in Wettkämpfen, im heiligen Zorn oder der Notwehr. Am Ende bleibt für das Bestehen von menschlichen Beziehungen und der damit notwendigen Aggressionsabfuhr nur die Frage: Streiten wir fair oder unfair?

„Keine Angst ich bin nur aggressiv!"

In der Darstellung (Skizze 2) auf der folgenden Seite wird die Verschiedenartigkeit des Phänomens der Aggression nochmals deutlich. Hier stehen sich die lebensmissachtende Feindseligkeit und lebensbewahrende Aggression direkt gegenüber. Dabei wird offenkundig, dass die Impakt-Aggression zum Beispiel von der Wertschätzung des Gegners ausgeht, hingegen die destruktive Aggression immer die Abwertung des anderen in sich trägt. Auf der emotionalen Ebene will feindselige Aggression Angst schüren, dagegen wird ein fairer Streiter die Angst des Mitstreiters achten und nicht absichtlich vergrößern wollen. Natürlich schafft auch ein konstruktiver Streit eine Distanz, doch die menschliche Nähe ist hinterher größer als vorher. Bei destruktiven Streitern bleibt die Distanz erhalten und vergrößert sich eher noch, wie ich mit den vier Streittypen nachzuweisen versuchte.

Den Unterschied der beiden Seiten von Aggression deutlich erkannt zu haben, bedeutet freilich nicht, ab sofort auch damit anders umgehen zu können. Doch vielleicht ist es ein erster Lernschritt auf dem Weg zum konstruktiven Denken und Handeln bei Konflikten. Bei mir entstand im Verlauf der Entstehung des Buches eine kurze und umfassende Definition von Aggression:

>Das Aus-sich-Herausgehen und an jemanden oder
eine Sache herangehen zum Zwecke der Veränderung oder
Bewahrung.<

Bezogen auf den uralten Glauben an eine allein negative Aggression stellt sich damit für das Streiten die Frage: Bin ich bereit, die Kraft meiner Aggression fair und konstruktiv einzusetzen und meinem Streitgegner dasselbe Recht auf seine, ebenfalls positive Aggression zuzubilligen?

Die beiden Seiten der Aggression
Skizze 2

Feindselige Aggression	Beeinflussende Aggression
wird selig durch den Feind	= Impakt-Aggression
grundsätzlich zerstörerisch	grundsätzlich bewahrend
Diese Aggression:	**Diese Aggression:**
= lebensfeindlich	= lebensfördernd
= destruktiv	= konstruktiv
= verletzend	= kreativ
= abwertend	= wertschätzend
= rücksichtslos	= durchsetzend
= unfair	= fair
macht Angst	achtet die Angst
schafft Misstrauen	schafft Vertrauen
schafft bleibende Distanz	schafft Nähe
nährt Feindschaft	fördert Freundschaft
erzeugt Hass	fördert die Liebe
Grundgefühl: Groll, Trotz	Basisgefühl: Ärger, Wut
gewalt-tätig	selbst-behauptend
ist **lebensmissachtende Gewalt**	ist **schöpferische Lebensenergie**

„Der erste Schritt zum fairen Streiten"

Das Thema Nummer eins beim Streiten

Gefühle, Emotionen und Affekte

Ein kleines Beispiel zum Streiten und Fühlen:

Er: „Jetzt bleib doch mal sachlich!"

Sie: „Ich bin doch sachlich, aber du hörst mir ja nicht zu."

Er: „Ich höre dir genau zu, aber ich habe immer noch nicht verstanden, worum es dir eigentlich geht."

Sie: „Es geht mir im Moment nur darum, dass du mir mal zuhörst."

Dazu will ich Ihnen eine Frage stellen: Wenn Sie an Ihren letzten Streit denken – was war die Sachlage und welche Gefühle haben vorgeherrscht? Vielleicht geht es Ihnen ja auch so, dass es im Rückblick weniger um die Sachlage geht als um die emotionale Atmosphäre bei der Auseinandersetzung. Die Erfahrung und wissenschaftliche Untersuchungen beweisen es: Bei Konflikten dominieren in der Regel die Gefühle den Sachverhalt. Wir streiten uns mehr über das, was wir empfinden und erleben als über das eigentliche Problem. Wir agieren naturgegeben emotional, was zwar völlig richtig ist, aber gleichzeitig fühlen wir uns schuldig und rackern uns dann ab, um diese vermeintliche Schuld wieder loszuwerden. Am leichtesten geht das natürlich, indem wir sie dem anderen vorwerfen. Weil sie von dort aber wieder zurückkommt, verfolgen viele Menschen eine andere, ebenso unbewusste Strategie. Sie versuchen die Gefühle, gleich welcher Art, von vornherein zu unterdrücken oder gar nicht erst aufkommen zu lassen. Das funktioniert aber nur, wenn diese Gefühle beim Streiten bewusst erlebt werden, nur dann können wir sie auch bewusst zurückhalten.

Werden in einem Konflikt die emotionalen Signale in uns gefühlt, bewusst wahrgenommen und verstanden, haben sie ihre dominante Funktion erfüllt und lösen sich auf. Denn das ist ihr Sinn: *Gefühle wollen positiv genutzt werden.* Aus diesem Grunde helfen sie uns und beherrschen den Streit. Doch hier genau liegt unser Dilemma, biologisch bedingte Gefühle zum Ausdruck zu bringen, die zu unterdrücken die Gesellschaft von uns verlangt. Doch nicht nur die Gesellschaft, denn dies beginnt eigentlich schon mit unseren Eltern und mit dem, was wir in unserer Kindheit aus Liebe zu ihnen nicht gefühlt haben oder nicht fühlen durften.

In einem Fair-Streittraining beschrieb das ein junger Mann so: „Ich habe mich noch nie mit jemanden gestritten, und ich glaube es liegt daran, dass ich Ärger oder Wut zu fühlen nicht gelernt habe. In meiner Familie gab es so etwas nicht, da wurde alles friedlich geregelt oder man war einfach still."

Nun wollte er anfangen Gefühle zu fühlen, auch weil seine Freundin ihn dazu ermuntert hatte. Dieses lernen zu wollen, ist ein konstruktives Beispiel, mit seinen emotionalen Defiziten bewusst umzugehen, und es dauerte nicht lange, bis der junge Mann seinen Ärger bei Grenzverletzungen zum ersten Mal ausdrückte.

Die Freundin des Mannes hat es völlig richtig gemacht, indem sie ihren Partner dabei unterstützte zu fühlen, was zwischen ihnen beiden alles passierte. Denn dahinter erscheint unser zutiefst menschliches Bedürfnis nach emotionaler Nähe und gefühlsmäßigem Austausch. Bei Missverständnissen und Auseinandersetzungen signalisieren Gefühle neben den eigenen Bedürfnissen auch gerade diese Distanz zum anderen. Da hilft uns die Angst und der Ärger, die Nähe neu zu bestimmen.

Leider hat die Lebensart unserer rational funktionierenden Gesellschaft das hochfeine Signalsystem unserer Gefühle weitgehend zerstört. Viele von uns sind kaum noch in der Lage, in konfliktgeladenen Situationen das eigene emotionale Signalsystem positiv zu nutzen, und überall begegnen wir einer zunehmenden abgestumpften Empfindungsfähigkeit. Eine der neuesten Umfragen bei 3500 Männern und Frauen zum Thema „Warum sich Paare trennen" ergab, dass die Gefühlskälte zu den drei Hauptursachen bei Scheidungen zählt.

Doch zurück zu unseren Eltern, denn dort ist der Urgrund aller Gefühlsfähigkeit. Aus Angst, dass die Kinder sich an den

Normen und Werten dieser Erwachsenenwelt vorbeientwickeln, muss die kreative Lebendigkeit und das individuelle ureigene emotionale Wachstum abgeschnitten und angepasst werden. Damit wird auch die Konfliktfähigkeit und das Streitverhalten zurechtgestutzt. So entstehen dann Streittypen wie Anpasser und Nichtstreiter. Zu dieser Erziehung gehört auch die elterliche Botschaft: „Lass dir nichts gefallen!" und „Schlag zurück!" Auch dieses Vorgehen ist nichts anderes als ein Hinweis zur Anpassung an die geltenden Spielregeln einer Ellenbogengesellschaft mit Richtung auf Erfolg und Durchsetzung. Daraus werden dann Streittypen wie Motzer und Verletzer.

Die Antwort des *inneren Kindes* bei Kindern, die eine solche Erziehung zur Anpassung erleiden müssen, ist vielfältig. Doch zunächst müssen sie ihre ganz eigenen Gefühle unterdrücken, um die Liebe und Zuwendung der Eltern nicht zu verlieren. Danach aber verselbstständigen sich die aufgestauten biologischen Körperstoffe und Energien, die wir Gefühle nennen. Manche davon richten schon Kinder gegen sich selbst. Hier liegt die Wurzel zum späteren „Selbsthass" mit all den destruktiven Folgen, die Arno Grün in seinen Analysen eindrucksvoll beschrieben hat (A. Grün, 1986, 1989). Die nachfolgende „Feindseligkeit und Gewalt" (Bach 1964) und die „Krankhafte Herrschsucht des Kindes" (J. Prekop „Der kleine Tyrann", 1988) sind nur Beispiele für Auswirkungen, wenn Angst, Wut und Schmerz nicht gefühlt und zugelassen werden.

Die Spätfolgen restriktiver Kindheitserfahrungen sind inzwischen hinreichend bekannt. Ihre negativen Auswirkungen auf das Konfliktverhalten im Erwachsenenalter haben viele von uns schon am eigenen Leib erfahren müssen.

Von einem der Beispiele dafür berichtete eine Frau:

„Immer wenn ich in einen Streit gerate, habe ich den Impuls wegzulaufen, auch wenn es keinen Grund zur Panik gibt. Ich habe inzwischen Streiten gelernt, aber wenn es Zoff gibt, drängt es mich sofort abzuhauen. Durch die Therapie weiß ich inzwischen, dass dieser Impuls einem Streitmuster meiner Mutter entspricht. Sie ist immer augenblicklich aus dem Zimmer gegangen, wenn es brenzlig wurde. Ich bleibe jetzt zwar da, doch den Drang, es so zu machen wie sie, fühle ich immer noch in mir."

So wie dieser Frau geht es vielen von uns. Wir fühlen heute noch die Gefühlsmuster aus der Vergangenheit und reagieren wie früher als Kind oder wie andere aus unserer Herkunftsfamilie, mit denen wir identifiziert sind. Andere Spätfolgen lang zurückliegender emotionaler Erfahrungen und verdrängter Gefühle sind beim Streiten: „Kopf- und Magenschmerzen, allgemeines Bauchweh, Migräne, Übelkeit und andere psychosomatischen Beschwerden." Das ganze Bündel der Erfahrungen, wie wir mit den Gefühlen bei Konflikten umgehen, macht es nicht verwunderlich, dass wir es damit beim Streiten so schwer haben. Doch es ginge auch leichter, wie wir es beim Verlauf eines fairen Streits noch sehen werden.

„Was da alles hoch kommt"

– Die Dynamik heuristischer Emotionen –

Das, was als spontane Gefühle in uns aufsteigt, unterscheidet grundsätzlich nicht nach Zeit und Raum oder nach Gut und Böse.

Dazu möchte ich ein kleines Beispiel zur Selbsterkundung geben: Schließen Sie die Augen und stellen Sie sich vor, Sie sitzen an Ihrem Arbeitsplatz und plötzlich steht Ihr Chef hinter Ihnen. Groß und mächtig steht er da. Wie fühlen Sie sich dabei? Nun vergleichen Sie dieses Gefühl mit dem, was Sie hatten, als Sie im Schulkindalter bei den Hausaufgaben saßen und plötzlich stand Ihr Vater hinter Ihnen.

Wenn die emotionale Vergangenheit unbelastet ist, reagieren wir im Heute nur mit dem Gefühl von hier und jetzt. In solch einem Falle hat unser Streitgegner Glück. „Er" oder „sie" wird dann nur mit demjenigen Ärger konfrontiert, der jetzt und hier ausgelöst wurde. Zum Beispiel würde dann bei einem Ehekrach die Verallgemeinerung: „Du bist wie deine Mutter!" völlig entfallen.

Gerade in Stresssituationen, und ein Streit ist eine solche Situation, spülen Kopf und Bauch emotionale Rückstände hoch, die nur bis zu einem gewissen Maß kontrolliert werden können. Bei großen Rückständen, alten Bergen von Wut und Angst, geraten wir außer Kontrolle, „wir gehen hoch" oder bereiten still die Rache vor. Zu den ungefühlten Emotionen kommen dann noch unsere Denkmuster und Einstellungen über Streitgegner und Gefühle. Wenn ich denke, meine Nachbarin ist eine „blöde Kuh", dann werde ich ganz anders mit ihr streiten, als wenn ich überzeugt bin, dass sie eigentlich eine nette Person ist, und entsprechend reagiert mein Körper emotional. Dasselbe Denkschema und die körperlichen Folgen beziehen sich auch auf das eigene Fühlen. Wenn ich denke, meine Gefühle sind negativ und böse, wenn sie hochkommen, dann reagieren meine Zellen völlig anders, als wenn ich mit der Einstellung lebe, meinen Gefühlen zu vertrauen. Deshalb formt das Denken über die Gefühle mein ganzes Wesen und vor allem mein Konfliktverhalten.

Faires Streiten bezieht die Bewältigung störender Emotionen aus der Vergangenheit mit in sich ein. Nur so bin ich in der Lage, Konfliktgefühle, die von gestern sind, von denen zu trennen, die als akute Signale hochkommen. Wir müssen in unserer Gesellschaft leider davon ausgehen, dass die Fähigkeit, beides voneinander zu trennen, ganz allgemein noch sehr schwach ausgebildet ist. Das heißt jedoch nicht, dass wir deshalb alle Therapie brauchen. Es reicht völlig, dass wir dem Naturgesetz unserer Gefühle zustimmen können und bereit sind, daran zu arbeiten. Hier ein kleiner Test:

> Versuchen Sie nach einem Streit, sich Ihrer Gefühle zu erinnern.
> War Ihr Ärger, die Wut und Angst wirklich situationsbezogen?
> Vielleicht waren Sie schon vorher verstimmt und sauer über irgendein Ereignis oder über jemanden ganz anders?
> Hatten Sie einen solchen Streit schon früher einmal?
> Was waren damals Ihre Gefühle?

Heuristische Emotionen (griech. heureka = „ich habe es gefunden!") sind Gefühle, die uns weiterhelfen bei der Gewinnung von

Erkenntnissen zum besseren Verständnis eines Sachverhalts und zur Lösung eines Problems. Daher ist autonomes und verantwortliches Handeln beim Streiten umso leichter, wenn wir aufkommende Gefühle fühlen, erkennen und letztlich darüber entscheiden können, welche davon nach außen abgegeben werden. Manche gefühlt-erkannten Konfliktgefühle lösen sich danach auf, andere nehmen wir ins Bewusstsein. Dort gehören sie hin.

Die Basisgefühle bei Konflikten

Wenn es so ist, dass Gefühle beim Streiten eine wichtige Rolle spielen, sollten wir genau hinsehen und fragen, welche Gefühle sind es und wie gehen wir damit um? Es gibt in der deutschen Sprache nicht weniger als dreihundert Begriffe für menschliche Empfindungen und Gefühlsbewegungen, die bei inneren und äußeren Konflikten auftreten. Doch nur wenige davon sind nutzbringend für die Klärung: Welche echten Gefühle fühle ich, wenn ich streite?

Umfragen in der deutschen Bevölkerung quer durch alle sozialen Schichten ergaben, die häufigsten echten Gefühle beim Streiten sind der Ärger, die Angst und die seelische Verletzung. Die Ergebnisse dieser Befragungen decken sich mit den drei von mir so benannten „natürlichen Konfliktgefühlen". Ich nenne sie nach Dan Casriel: *„die Wut, die Angst und den Schmerz".* Diese drei Gefühlsbereiche gehören mit der Liebe und der Freude zu den fünf grundlegenden Basisgefühlen des Menschen (siehe Skizze 3). Das Modell der fünf Basisgefühle übernahm ich von Dan Casriel, meinem ersten psychotherapeutischen Lehrmeister der 70er Jahre, bei dem ich in Bad Herrenalb lernen durfte.

Casriel entwickelte als Arzt und Psychotherapeut eine Behandlungstechnik, um Emotionen zu mobilisieren und diese zu nutzen, um Menschen zu heilen. Ausgehend von der Grundannahme eines „biologischen Bedürfnisses nach emotionaler und körperlicher Nähe" (er nannte es „Bonding") arbeitete Casriel in Amerika und Europa an Techniken zur „liebevoll aggressiven

Konfrontation". Er starb 1983 und seine Behandlungsmethoden, auch als >Casriel-Therapie< bezeichnet, wurden von Dr. Walther Lechler und Mitarbeitern in psychosomatischen Kliniken weitergeführt.

Unser emotionales Grundbedürfnis ist auf echte Freude und Liebe ausgerichtet. Zu diesen beiden Basisgefühlen gehört im Bereich der *Freude* auch die Lust, das Froh- und Vergnügtsein genauso wie die stille Freude am Leben. Diese Freude führt zu einer friedvollen inneren Kraft, zur Ruhe genauso wie zum spontanen Handeln, zum Beispiel zum Lachen, Tanzen und Schreien. Der Gefühlsbereich *Liebe* meint auch das Glücklichsein und das ganzheitliche Wohlbefinden. Menschen, die mit sich selbst und der Welt eins sind, sich verbunden fühlen, empfinden diese Liebe genauso allein als auch in Beziehungen oder in der Nähe mit anderen.

Bei einem Unbehagen und bei Konflikten fühlen wir anders. Körper, Geist und Seele machen dann emotional notwendige Umwege. Bei Auseinandersetzungen und im Streit sind die drei Gefühlsbereiche Wut, Angst und Schmerz oftmals gleichzeitig mobilisiert und häufig braucht es einen Moment, bis wir erkennen, was wir gerade fühlen.

■ Die 5 Basisgefühle bei Konflikten*

Skizze 3

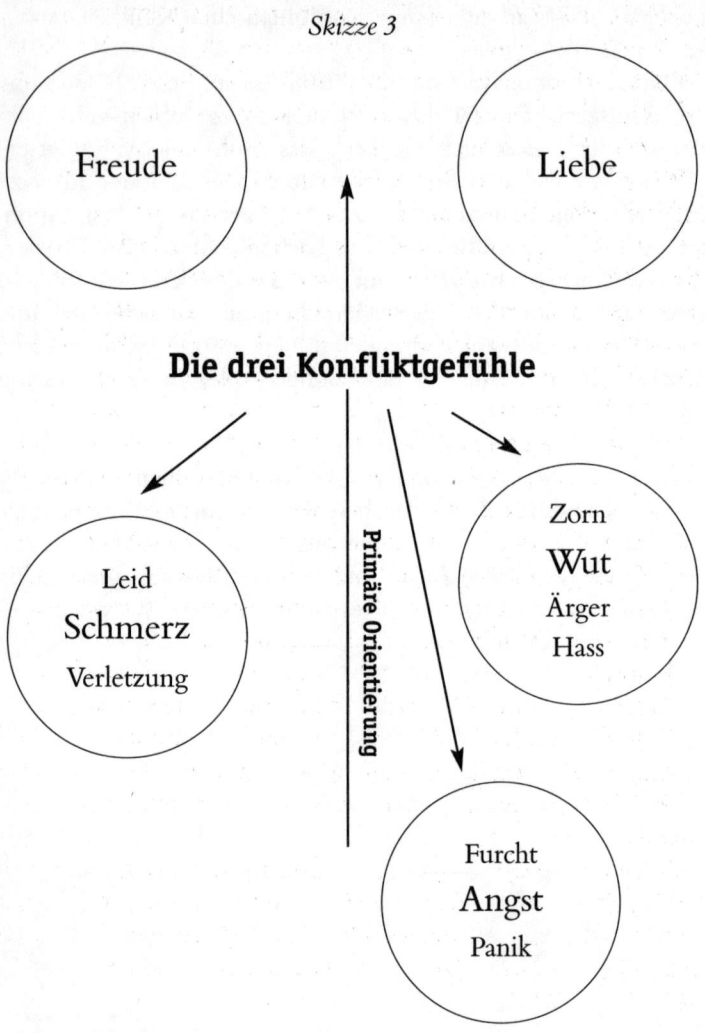

Freude

Liebe

Die drei Konfliktgefühle

Primäre Orientierung

Leid
Schmerz
Verletzung

Zorn
Wut
Ärger
Hass

Furcht
Angst
Panik

---

* Alle anderen Gefühle basieren auf einem oder mehreren dieser
  Basisgefühle.

Das Basisgefühl Wut

Ist der Gefühlsbereich Wut am ehesten angesprochen, entscheidet sich im Organismus blitzschnell, ob es sich um ein starkes oder schwaches Wutgefühl handelt. Zum Beispiel fühlen wir dann nur einen kleinen Ärger oder eine große Wut. Die emotionale Energie ist dieselbe.

Einen Ärger fühlt mancher von uns, zum Beispiel wenn wir gerade in Eile sind und dann erst am Automaten bemerken, dass wir kein Kleingeld haben oder der Autofahrer vor uns so langsam ist, dass wir an der nächsten Ampel anhalten müssen. Haben Sie schon mal bei der Suche nach einem Parkplatz dann endlich einen freien Platz gesehen und bis sie dort sind, ist ein anderer kurz vor ihnen reingefahren, obwohl er doch hätte sehen müssen, dass sie eher da waren? Welches Gefühl taucht dann in Ihnen auf? Ist es nur Ärger oder kochen Sie schon vor Wut? Manch einer mag in solchen Situationen noch gelassen sein, für andere beginnt hier ein heftiger Streit. Und wieder andere streiten sich darüber, welches Gefühl für einen Konflikt angebracht ist. Ganz allgemein können wir feststellen, dass die Konfliktgefühle Ärger und Wut recht unterschiedlich erlebt und eingeordnet werden, und die Grenzen scheinen fließend zu sein.

Mit der Gefühlsbezeichnung „Hass" drücken wir allgemein eine große Wut aus gegen eine bestimmte Person oder Personengruppe. „Ich hasse dich", diesen Ausspruch kennen manche Mütter von ihren Kindern, wenn sie eine klare Grenze gesetzt bekommen, und wie oft ist dann nach wenigen Minuten die Liebe wieder da. Mit Hass bezeichnen wir aber auch das anhaltende feindselige Gefühl zwischen politischen oder religiösen Gruppen. Die Beispiele beweisen, dass der Hass sowohl ähnlich dem Ärger ein kurzes und echtes Gefühl als auch ein zeitüberdauerndes destruktives Fühlmuster sein kann.

Das folgende Beispiel für unterdrückte Wut ist nur eines von vielen.

Eine Frau kam in eine meiner Gruppen für „konstruktive Aggression". Sie litt schon lange an Magen- und Darmbeschwerden und ihr Arzt hatte ihr empfohlen, etwas für ihre zurückliegenden nicht gefühlten Emotionen zu tun. Nachdem sie in einem mehrtägigen Training verschiedene Fair-Streitübungen mit sichtbarer Freude mitgemacht hatte, sagte sie: „Ich habe schon sehr früh gelernt, dass aggressive Wutgefühle negativ sind und so habe ich sie immer runtergeschluckt. Das hatte zur Folge, dass ich später bei kleinsten Konflikten mit anderen krank und völlig beziehungsunfähig wurde. Damit verscheuchte ich gerade diejenigen Menschen, die mich liebten und die ich sehr gebraucht hätte."

Während der emotionalen Arbeit in der Gruppe gab ich ihr den Satz: „Meine Wut ist gut", und den sagte sie mehrmals mit aller Kraft den anderen. Die Gruppenteilnehmer unterstützten sie dabei und machten ihr Mut, sich von ihren lange eingefrorenen Emotionen zu befreien. Dabei ging in ihr eine heilsame Veränderung vor und eine große Menge alter Wut kam zunehmend heraus. Am Ende kam sie voller Freude zu der Erkenntnis und sie sagte es auch:

„Ich habe ein Recht auf meine Wut und ich will damit niemanden verletzen."

Ihre neue Erfahrung mit diesem Gefühl war, dass andere ihr in der Gruppe nun mit Freude begegneten und ein Mann brachte es auf den Punkt: „Ich mag dich, gerade *weil* du deine Wut zeigst. Nach einigen Monaten rief sie mich noch mal an und erzählte mir:

„Ich fühle mich seit der Aggressionsgruppe sehr wohl und habe keine Beschwerden mehr."

Die ureigene Wut zu fühlen ist erlernbar und kann zur körperlich-seelischen Gesundung beitragen, jedoch müssen Menschen, die keine Wut fühlen, deshalb nicht krank werden. Das Wutgefühl ist kein Maßstab für Krankheit oder Gesundheit. Zum besseren Verständnis vergleiche ich es mit der Sexualität. Beide menschlichen Phänomene, die Sexualität und die Wut, sind genetisch bedingte, biologische Erscheinungen, die dem Leben dienen. Sigmund Freud sprach vom Sexual- und Aggressionstrieb. Manche von uns führen ein sexuell erfülltes und zufriedenstellendes Leben. Andere sind ohne Sexualität zufrieden, sie empfinden keinen sexuellen Mangel. Kritisch wird es erst, wenn der Mangel fühlbar wird, das heißt auch, wenn uns bewusst wird, was uns fehlt. Das empfinden sexueller Bedürfnisse und das Erleben von Wut helfen, uns dessen bewusst zu werden, was wir brauchen. Das Fazit müsste also lauten: Je mehr wir fähig sind, unsere Grundbedürfnisse nach wahrer und echter Liebe und Freudelust zu erkennen und für deren Befriedigung zu sorgen, um so weniger Wut müssen wir fühlen. Nur wenn wir nicht gelernt haben, dieses lebenswichtige Basisgefühl zuzulassen, kann es gefährlich werden. Erst dann gehen wir durch unsere innere Hölle, die, wenn sie uns unbekannt ist, dann auch Angst, Wut und Schmerz heißen kann.

Das Basisgefühl Angst

Ein weiteres Basisgefühl gerade bei Konflikten ist die Angst. Sie ist ein lebenserhaltendes Signal für die Not und Gefahr und wir haben allen Grund, unserer Natur und der Schöpfung dafür zu danken, dass wir sie haben. Das Gefühl Angst hilft uns zu überleben, wenn es gefährlich wird und wenn wir uns schützen müssen, zum Beispiel bei Unwetterkatastrophen, während eines Erdbebens, bei einem Bombenangriff, bei Nacht in einem unbekannten Gelände oder bei einem Verkehrsunfall im dichten Nebel. Solche wirklichkeitsnahen Ängste wird jeder Mensch bei eindeutigen Bedrohungen mehr oder weniger stark erleben. Diese Angst bewahrt uns aber auch davor, unser Leben zu riskieren, zum Beispiel unbekannte Pilze zu essen, Stromleitungen zu berühren oder im Zoo das Krokodilgehege zu betreten. Um alle diese realen Ängste geht es bei unserem Thema nicht.

Beim Streiten und den alltäglichen Konflikten geht es um ganz andere Ängste. Das Wort „Angst" kommt aus dem Lateinischen „angustus" und bedeutet „eng". Genau diese „Enge" ist das Gefühl, was uns bei Auseinandersetzungen begleitet. Es sind jene oft verborgenen, ja unbewussten Ängste, die wir beim Streiten kaum wahrnehmen, und doch fühlen wir uns eingeengt und „in der Klemme". Das Konfliktgefühl Angst beim Streiten hat viele Gesichter, und gerade in der Angst wollen wir „das Gesicht nicht verlieren". Ob wir uns zögernd oder zaghaft zeigen, im Streit verdichtet sich das Bewusstsein unserer Integrität und es wird deutlich, ob wir die Angst als einen Feind sehen oder als Freund anerkennen. Hier steht auf dem Prüfstand, wie wir zum Beispiel mit dem körperlichen Unbehagen umgehen, wie wir auf unser Herzklopfen hören, die Scheu überwinden, unsere Fassade herunterzulassen, um vielleicht mit dem Mut der Verzweiflung unsere Bedürfnisse zu zeigen.

Das Gefühl der Angst begleitet uns in der Regel vom Anfang bis zum Ende. Es sind zahllose, kleine und große Ängste, die wir uns jedoch meistens nicht bewusst machen.

Es beginnt im Allgemeinen damit, dass wir fürchten, im Konflikt zu unterliegen, etwas zu verlieren oder hergeben müssen. Andere Ängste sind:

„Ich fühle mich nicht ebenbürtig." − „Ich bin nicht gut genug." − „Meine Argumente sind nicht stark genug." − „Mir wird es die Sprache verschlagen." − „Ich werde mich ins Unrecht setzen." − „Ich werde verletzt werden." − „Ich werde zuschlagen und schuldig werden." − „Ich werde nicht klar genug nein sagen können." − „Es wird ganz schlimm werden." − „Es wird keine Einigung geben."

Wahllos können wir Beispiele für die Angst bei Auseinandersetzungen herausgreifen. Eine andere Kategorie der Angst ist die Angst vor dem Schmerz, vor dem plötzlichen Hinausgeworfensein, vor der Zurückweisung, vor dem letztlichen Alleinsein, die Angst vor der Angst und die Angst vor der Wahrheit, zum Beispiel einer krampfhaft aufrechterhaltenen Beziehung. Egal ob wir im Falle eines Konflikts gute Miene zum Bösen Spiel zeigen (= der Nichtstreiter), uns ins Mauseloch verkriechen (= der Anpasser) oder voll auf Power machen (Motzer und Verletzer). Die Angst ist wie ein Schatten, immer dabei. Sie macht uns in Bruchteilen von Sekunden mobil, einerlei, ob bei einer echten realen oder falschen Gefahr. Unser Organismus unterscheidet grundsätzlich nicht zwischen einer normalen segensreichen „Signalangst" und einer „neurotischen Angst". Das macht das Erkennen der Angst manchmal schwer, denn das ist der erste Schritt zum Angst-Abbau: die Unterscheidung, ob die bestehende Angst auf eine wirkliche reale Gefahr hinweist oder ob die Angst als diffuse Bedrohung erlebt wird. Letztere, auch irrationale Ängste genannt, deuten auf traumatische Erlebnisse, großenteils Kindheitserfahrungen, Erwartungsängste, Trennungsängste und auf destruktive Einstellungen hin. Ist eine Angst oder auch Furcht erkannt, wahrgenommen, entlarvt und angenommen, dann ist sie als Angststörung oder als Krankheit zumeist in kurzer Zeit heilbar.

Gegenstandslose Ängste sind komplex, vielschichtig und oft nicht direkt zu begreifen. Noch viel schwerer ist es, während eines Wortgefechts einzelne Ängste bei sich wahrzunehmen und gleichzeitig zu kontrollieren. Nur coole Nichtstreiter scheinen es darin zur Meisterschaft zu bringen, und eigentlich haben sie recht. Im beruflichen Alltag und im Geschäftsbereich braucht es für konfliktgeladene Klärungen einen klaren Kopf und die volle Konzentration auf eine Sache. Für solche Situationen hilft mir z. B. selbst das Wissen, dass die Angst mir als Begleiter dienen will und ich nicht immer auf sie hören muss. Mit der Angst vor der Angst ist nicht gut streiten. Manchmal rate ich Menschen für den Einzelfall, sich möglichst noch vor dem Streit innerlich zu sammeln und sich die Frage stellen: Was ist meine Angst bei dieser Auseinandersetzung? Was könnte schlimmstenfalls passieren und wie könnte ich reagieren? Mit solchen Gedanken machen wir uns die Angst zum Ratgeber.

Grundsätzlich geht der Weg aus der Angst über die Ehrlichkeit. Für das faire und konstruktive Streiten heißt das, damit aufzuhören, sich selbst und andere zu belügen. Nur mit dem Mut zur vollen Wahrheit ist es möglich, auszusteigen aus bedrückenden Gefühlen und frei zu werden. Es gibt für jeden von uns Orte, an denen wir anfangen können mit dem Üben von bedingungsloser Ehrlichkeit. Intimbeziehungen, die Familie und Freundschaften sind solche Orte zum uneingeschränkten Ausprobieren. Dazu eine Empfehlung:

Verabreden Sie mit Ihrem Partner, Freundin, Ehemann ein Angstritual (Dauer maximal eine halbe Stunde), stellen Sie alle möglichen Störungen von außen ab (zum Beispiel Telefon, eventuelles Dazwischenreden Ihrer Kinder), setzen Sie sich gegenüber und tauschen Sie ihre Ängste aus. Beginnen Sie jeden Satz mit den Worten: „Ich habe Angst davor, dass …" oder „Eine meiner Ängste ist …" Geben Sie dazu keine Erklärungen oder Begründungen. Hören Sie einander zu, ohne zu unterbrechen oder den Gegenüber zu unterstützen. Es ist hilfreich, wenn Sie sich beide beim Erzählen abwechseln oder jeder redet fünf bis zehn Minuten nur von sich selbst. Nach dem Ritual sollte ca. ein bis zwei Stunden nicht über die genannten Ängste geredet werden.

„Als eine Triebfeder der Evolution" beschreibt Hania Luczack das Gefühl „Angst" in der Zeitschrift GEO 4/96 und meint wörtlich: „Unter normalen Umständen geleitet uns Angst als universelles Warnsystem und Fluchtsignal durch das Leben. Sie ist jedem Menschen in den Leib geschrieben und gilt als ein Beweggrund für unser fürsorgliches Miteinander". Und ich frage: Warum sollte die Angst nicht auch ein wesentlicher Teil beim fairen Streiten sein? Es würde nicht nur die immensen Kosten für angststillende Medikamente erheblich senken, sondern auch unserer „Angstkultur" als Ganzes gut tun.

Das Basisgefühl Schmerz

Nach einem guten Streit ist der Schmerz ein geläufiger Gefühlsausdruck. „Es tut mir Leid" sagen wir manchmal und wünschen uns damit den Ausgleich der Verletzungen. Schmerz ist das Reinigungsgefühl nach Konflikten, aber nicht nur das. Wir empfinden ihn schon während eines Streites, doch im Wortgefecht dominieren zunächst die Wut und die Angst.

Ein beruflich erfolgreiches Ehepaar hatte sich zunehmend auseinander gelebt, immer öfter gab es Reibereien und Zusammenstöße bis zur letzten Trennung, und auch danach zanken sie sich weiter bis zur Verfeindung. Auch als alle Rechtsangelegenheiten geklärt waren, hörten die Streitigkeiten nicht auf, bis sie zuletzt um einen gemeinsamen Termin bei mir baten. In der Paarberatung – zuerst stritten sie erneut – geschah eine Wende. Ich hatte sie ermuntert, nur von ihren Ängsten und den seelischen Verletzungen zu erzählen und dabei passierte es, dass einer von beiden zu weinen begann. Es wurde still und die Stimmung der beiden wechselte von einer bedrückenden Verzweiflung hin zu einer leidvollen Trauer. Danach löste sich bei ihnen ein lang zurückliegender tiefer Schmerz. Sie nahmen sich spontan in den Arm und weinten lange miteinander. Das war ihre Heilung und sie konnten danach in Frieden voneinander lassen.

Wenn wir sagen: „Es tut mir weh" meinen wir nicht nur erlittene Kränkungen und Verletzungen. Damit drücken wir auch schmerzliches Mitgefühl aus. Mit dem schönen Wort „Beileid" bezeichnen wir den Schmerz, der unsere Anteilnahme ausdrückt. Sollten wir auf diesem Planeten die Gewalt (in uns) irgendwann einmal voll unter Kontrolle haben, dann sollte es beim Streiten möglich sein zu sagen: >Ich bin jetzt wütend, voller Angst und gleichzeitig fühle ich, dass es auch dir wehtut.<

Zusammenfassung

Die 5 Basisgefühle: Liebe, Freude, Wut, Angst und Schmerz gehören genetisch zur Ausstattung unseres Daseins und gleichen emotionalen Energiefeldern, die wir Menschen körperlich empfinden, seelisch erleben und geistig durchdenken können, alle anderen als die hier genannten basieren auf einem oder mehreren dieser Basisgefühle. Manche davon bezeichnen wir als Glücksgefühle, andere als Konfliktgefühle. Auf dem Hintergrund persönlicher Erfahrungen und gesellschaftlicher Werte verbinden wir Gefühle und Emotionen in unserer Vorstellung eher mit etwas Erstrebenswertem bzw. mit etwas zu Vermeidendem. Die Art und Weise wie wir fühlen bestimmt unser Streitverhalten.

Der emotionale Sündenfall

Die meisten Menschen streiten ungern, und dies aus zwei Gründen:

erstens weil sich die Distanz zueinander plötzlich vergrößert und zweitens weil dabei Gefühle hochkommen, die man lieber vermeiden möchte. Für den ersten Grund gilt, dass Gefühle der Freude und Sympathie sofortige Nähe herstellen und Konfliktgefühle fast immer einen spannungsgeladenen Abstand zwischen den streitenden Parteien auslösen. Der zweite Grund liegt an der Vermeidung von natürlichen Gefühlen, die uns von der Schöpfung gerade für Konflikte extra mitgegeben wurden.

Mit der Unterscheidung von positiven und negativen Gefühlen haben wir vergessen, dass nur die Ganzheit „positiv" ist. Die Folgen dieses emotionalen Sündenfalls sind beträchtlich. Zum Beispiel lernen Jungen – was völlig absurd ist – keine Angst zu haben. Für Mädchen und Frauen dagegen ist die Wut ein Tabu und Männern ist Schmerz und Angst weitgehend unbekannt. Diese emotionalen Zuständigkeiten der Geschlechter haben ihre Wurzeln in der Urgeschichte des Menschen. Die Aufgabenteilung von Mann und Frau trug wesentlich dazu bei. Die Männer gingen hinaus in den Wald, um gefährliche Tiere zu erlegen und gegen Feinde zu kämpfen. Dabei wurde vor allem der Mut ausgebildet und die Kontrolle von Angst und Schmerz geschult. Zur Stärke der Frauen daheim wurde die Sorge um die Kinder und Alten. So ist es bis heute.

Doch die gesellschaftlichen Veränderungen verlangen von uns ein neues Denken und Fühlen. Die alten Fühlmuster von Männern und Frauen brechen auf. Die alte, emotionale Rollenverteilung hat einer Gleichberechtigung der Geschlechter Platz gemacht und damit auch dem Recht auf Gefühle.

In einer Krisensitzung erzählte mir ein Ehemann, dass seine Frau ihm gestanden hätte, ein Verhältnis zu einem anderen Mann zu haben und noch nicht wisse, was jetzt daraus und aus ihrer Ehe werden sollte. Nachdem der Mann die Situation beschrieben hatte, fragte ich ihn nach seinen damit zusammenhängenden

Empfindungen und er sagte: *„Ich bin jetzt natürlich eifersüchtig."* Ich stimmte ihm zu und fragte ihn weiter nach seinen Gefühlen, Emotionen und Affekten. Doch seine Reaktionen waren eher von Unverständnis geprägt und er blieb bei seinem Gefühl der Eifersucht. Nur sehr langsam und erst nachdem ich ihn direkt nach seiner Wut, der Angst und dem Gefühl des Verletztseins gefragt hatte, begann er einzusehen, dass da auch solche Gefühle angebracht schienen.

Diese Praxis, mit Gefühlen umzugehen, ist weit verbreitet. So *umgehen* wir sie, damit sie uns nicht gefährlich werden. Bei näherer Betrachtung ist es jedoch logisch, dass beim Empfinden von *„Eifersucht"* alle 5 Basisgefühle beteiligt sind. Nicht nur die Angst vor Verlust und Alleinsein, die Wut auf einen Eindringling und auf die Ehefrau, das seelische Leid und der Mangel an Freude, Lust und Liebe.

Welche Auswirkungen derartige Worthülsen auf die Praxis des Streitens haben und was passiert, wenn wir uns stattdessen auf die echten Basisgefühle einlassen, das mag jeder von uns schon erlebt haben. Am Beispiel des eifersüchtigen Mannes erfuhr ich von ihm später, dass seine Frau zu ihm wiederholt gesagt hatte: *„Trau dich endlich zu fühlen und mir deine Gefühle zu zeigen."*

Die Ersatzgefühle

Wo Gefühle aufgrund von gesellschaftlichen oder familiären Konventionen und Regeln nicht zugelassen werden, entstehen oft Ersatzgefühle (siehe Skizze 4). Frauen dürfen zum Beispiel in manchen Familien nicht wütend oder zornig sein, doch dass sie traurig oder depressiv sind, dagegen hat niemand etwas. Solche Gefühle helfen uns ein bisschen in der Not, bei energetischen Entladungen, im Leid und beim Auf-sich-aufmerksam-machen. Letzteres ist der Ersatz für die Liebe.

Ich möchte hier den Bericht einer Frau im Ausschnitt wiedergeben. Sie war in einer Lebenskrise Patientin der Psychosomatischen Klinik Bad Herrenalb und auch in den Gruppen bei mir.

Lange danach kam sie zu einem Treffen ehemaliger Gruppenteil-nehmer und erzählte unter anderem:

„Am meisten hat sich mein Gefühlsleben verändert. Ich war früher immer voller Groll gegen andere und gegen mich selbst. Das merkte man mir oft nicht an, denn mit meiner Freundlichkeitsmaske konnte ich das alles verdecken. Die Nähe und ein bisschen Liebe habe ich mir mit an-dauernder Wehleidigkeit und ewigem Jammern erkämpfen müssen. Erst heute weiß ich, dass ich damals eine ungeheure Angst hatte, mich zu zeigen wie ich wirklich bin. Wenn ich zurückschaue, habe ich die meiste Zeit des Tages damit verbracht, diese Angst und die Wut unter Kontrolle zu halten, um sie nicht zu fühlen. Heute fühle und lebe ich anders. Nachdem ich alte unterdrückte Gefühle losgeworden bin, fühle ich acht-samer und ich habe keine Angst mehr vor meinen Gefühlen. Es gibt jetzt keine emotionale Hölle mehr in mir, auch wenn Wut, Angst und seelische Verletzungen mal unangenehm sind. Ich weiß, das geht schnell vorbei."

Diese Frau hat nach ihrer Gefühlshölle in das emotionale Para-dies zurückgefunden, aus dem wir alle kommen. Ersatzgefühle dagegen rauben uns den inneren Frieden. Wir mögen dagegen ankämpfen, doch wir sind ihnen ausgeliefert. Wenn ich zum Bei-spiel *Groll* empfinde gegenüber einer Person, dann werde ich ihr Sklave. Der *Groll* nimmt mir die Freude an Beziehungen jeder Art, er raubt mir den Spaß an der Arbeit, macht mir schwere Träume und erscheint immer wieder. Cornelius Roth, der über Gefühle eingehend geforscht hat, bezeichnet Groll als ein chroni-sches Gefühl, das einem automatischen Ablauf folgt und sich der Kontrolle entzieht. Zu der Unterscheidung von Groll und Wut meint Roth wörtlich: „Wut speist sich aus der Kraft, Groll speist sich aus der Angst" und er fährt fort: „Wenn du ein Sklave deiner selbst bleiben willst, dann pflege deinen Groll."

Zur Unterdrückung des eigenen Selbst gehört ebenso die Masche „immer wiederkehrende Wehleidigkeit". Das wehleidige Jammern sucht andere zu beeindrucken, der echte Schmerz aber sucht nach sich selbst.

Viele von uns tun sich schwer mit der Unterscheidung echter und unechter Gefühle. Am ehesten gelingt es vielleicht, die Mas-

■ Ersatzgefühle*

Beispiele für unechte Gefühle und Gefühlsmaschen

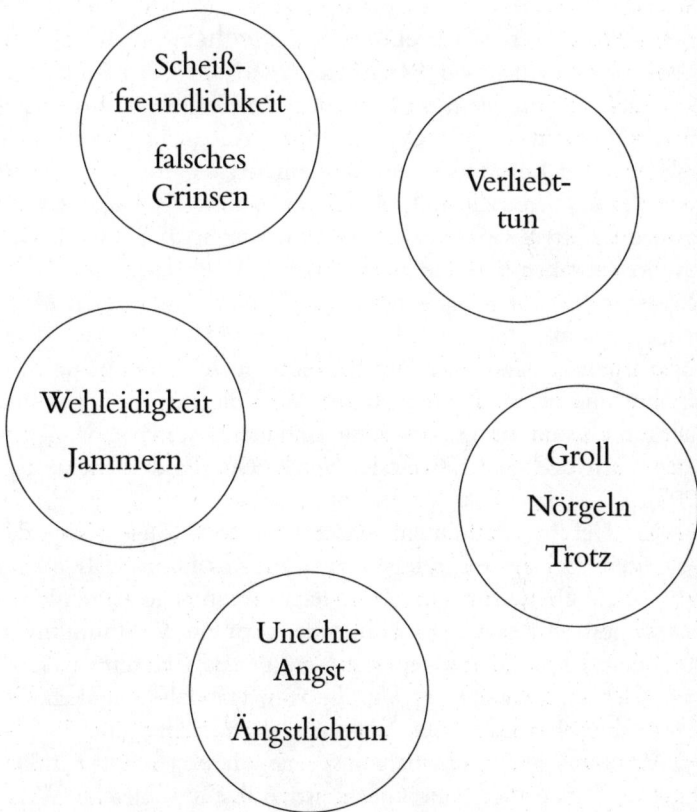

* Die Ersatzgefühle stehen an Stelle der echten Basisgefühle (siehe Skizze 3). Sie sollen diese vortäuschen oder ersetzen. Ersatzgefühle bilden die emotionale Grundlage der „Vier Streittypen".

ke der (Scheiß)-Freundlichkeit zu entlarven. Besonders bei Auseinandersetzungen macht das falsche Grinsen stutzig und rät den Beobachter zur Vorsicht. Sehr beeindruckend dagegen sind Menschen, die geradezu meisterlich auf ängstlich machen können. (siehe Skizze 4).

Bist du echt oder unecht?

Bei einem *konstruktiven Streit* werden die Gefühle wahrgenommen und geachtet. Diese Grundhaltung ermöglicht rückhaltloses Zulassen von Empfindungen aus dem tiefsten Inneren. Solche Gefühle sind ernsthaft und echt. In der Transaktionsanalyse werden sie als „freie Gefühle und Empfindungen" bezeichnet. Der Psychoanalytiker Bert Hellinger nennt sie *„Primärgefühle".* Nach Hellinger erkennt man diese Gefühle daran, dass sie den Menschen stärken und zum Handeln führen. Hellinger wörtlich: „Primärgefühle sind ganz einfach. Sie brauchen keine lange Erklärung und sie sind ohne Drama. Weil die primären Gefühle zielführend sind, sind sie kurz. Sie sind gleich am Ziel, da gibt es keine Umwege" (aus „Zweierlei Glück" Gunthard Weber, Hrsg. 1993).

Die Gefühle bei einem *destruktiven Streit* sind genau das Gegenteil. Die Bezeichnungen in der Transaktionsanalyse sind dafür auch: Gefühlsmaschen, weil nach einem angelernten Fühlmuster gestrickt, Lieblingsgefühle oder vertraute Verstimmungen und anerzogene oder angepasste Gefühle. Bert Hellinger nennt diese Gefühle *„Sekundärgefühle",* die vom Handeln ablenken, die einen schwach machen und Nichthandeln rechtfertigen.

Wenn wir genau hinschauen, spüren wir, ob jemand wirklich echte Gefühle zeigt oder unecht ist. Auf eine einfache Weise merken wir den Unterschied:

– ob jemand nur rumjammert oder echten Schmerz empfindet,
– ob jemand laufend stinkig herumgrollt oder seinen Ärger kurz und bündig rauslässt,
– ob jemand geziert und ängstlich tut oder wirklich Angst hat.

Einmal kam ein Ehepaar zu mir in die Beratung. Der Mann hatte ein Problem mit dem Alkohol und ich fragte die Frau, wie sie das empfindet, dass ihr Mann soviel trinkt. Ihre Antwort war: „Es tut mir Leid, dass er trinken muss und ich bin traurig darüber." Auch nach mehrmaligem Nachfragen blieb sie bei ihrem Gefühl. Erst in der zweiten Beratungsstunde zeigte sich, dass die Frau eine Mordswut auf ihren Mann hatte. Und sie zeigte ihm dieses, ihr echtes Gefühl, zum ersten Mal:

Sie: *„Deine ewige Trinkerei kotzt mich an! Ich hab 'ne verdammte Scheißwut auf dich und die hab' ich dir noch nie gezeigt."* Und nach einer Weile heftigem Gefühlsausbruch von Wut und Schmerz:
„Es tut mir Leid, dass ich dich so konfrontieren und verletzen muss, aber das war mein echtes Gefühl! Das habe ich immer weggepackt und stattdessen auf Mitleid gemacht.
Damit ist jetzt Schluss! In Zukunft will ich dir zeigen, was ich wirklich fühle."

Er: (tief betroffen) *„Du hast mich nicht verletzt. Im Gegenteil, jetzt weiß ich, wie du wirklich über mich denkst und das ist gut so. Danke für deine Ehrlichkeit."*

Er kam dabei ebenso an lange unterdrückte Gefühle und unerfüllte Wünsche, und beide begegneten sich auf eine neue Weise.

Wenn sich Menschen beim Streiten ihre zutiefst empfundenen echten Gefühle, Emotionen und Affekte offen mitteilen, geschieht ein gegenseitiges emotionales Verstehen, das weit über die sachliche Vernunft hinausgeht. Am Ende eines solchen konstruktiv-aggressiven Geschehens steht immer ein positiver Ausgleich der Gefühle. Bei meinen systematischen Umfragen nach Auseinandersetzungen mit echten Gefühlen lag die „emotionale Zufriedenheitsquote" auf einer Skala von 0–100 im Durchschnitt bei 90–95 Prozent. Destruktive Streitigkeiten mit unechten Gefühlen erreichten im Vergleich nur 5–10 Prozent. Meine These lautet also: Das Erkennen und lösen eines Problems ist umso leichter, als *alle* damit verbundenen Gefühle gefühlt und ausgedrückt werden.

Teil 4

Konstruktiv streiten

Konstruktiv miteinander streiten heißt, die Konflikte so zu lösen, dass es am Ende weder Gewinner noch Verlierer gibt. Viele von uns haben das schon im Mutterleib erleben können, also leibhaftig gelernt. So entwickelt sich die Fairness bei Auseinandersetzungen in der Kindheit ganz natürlich durch Nachahmung und ohne besonderes Einüben. Wer jedoch nicht das Glück hatte, als „fairer Streiter" heranzuwachsen, kann das nachholen.

Die Fair-Streitregeln, das nachfolgende Lernprogramm der „3 Schritte" und die anschließenden Streitrituale bieten Möglichkeiten, ohne Trainer oder Therapeuten gutes Streiten zu üben. Wer jedoch lieber in einer Gruppe mit Gleichgesinnten unter Anleitung lernen möchte, findet im Anhang Informationen dazu.

Die Fair-Streitregeln

Die folgenden Regeln helfen, bei einem Streit fair zu bleiben. Sie sollten entsprechend dem Alter und dem persönlichen Entwicklungsstand der Streitgegner angepasst und verändert werden. Zu den Streitregeln gibt es Erläuterungen und Beispiele.

■ Regel Nr. 1 — *Keine körperliche und verbale Gewalt beim Streiten!*
Der Verzicht auf Gewalt ist die wichtigste Vorbedingung für einen fairen Streit. Hier sind eindeutige Grenzen zu setzen. Zum Beispiel:

Bei potenziellen erwachsenen und jugendlichen Körperverletzern muss gewaltsamer Körperkontakt sofort unterbrochen werden. Körperliche Gewalt erfordert unmittelbar wirksame und entschiedene Gegenmaßnahmen. Dazu gehört vor allem das Festhalten. Zum Umgang mit Gewalt gibt es für alle Altersstufen ausreichend weiterführende Ratgeber im Literaturverzeichnis, weswegen ich dieses spezielle Thema hier nicht vertiefen möchte.

Mit notorischen Verbal-Verletzern sollte dagegen das Prinzip der „roten Karte" vereinbart werden. Zum Beispiel: Wenn Beleidigungen unterhalb der Gürtellinie wiederholt benutzt werden, muss der Verletzer mit klaren Konsequenzen rechnen müssen. Diese sollten möglichst genau formuliert werden. Bei Kindern und Jugendlichen sind konstruktive Sanktionen und Sonderaufgaben geeignet. Generell gilt wie bei körperlichen Verletzungen: die Auseinandersetzung sofort abzubrechen und den Gegner mit der erlittenen Beleidigung zu konfrontieren. Zum Beispiel: „Halt! Du gehst zu weit!" oder „Stopp! Es reicht!" Nach klaren Grenzverletzungen ist aus ein Ausgleich der Verletzung unumgänglich. Dieser Ausgleich muss vom Täter ausgehen. Das ist der einzig mögliche Schritt hin zum fairen Streiten.

Fair ➡ Im Ernstfall erfordert die Sachlage eine eindeutige Entschuldigung:
Das >Verletzungs-Ausgleichsritual<
Der Verletzer: „Es tut mir aufrichtig und ehrlich Leid, dass ich dich verletzt habe. Bitte verzeihe mir, was ich da gesagt habe."
Der Verletzte: „Ich habe gehört, dass es dir Leid tut. Ich verzeih dir diese Verletzung und bin bereit, den fairen Streit fortzusetzen." Danach sollten sich die Streitgegner die Hand geben und dabei in die Augen sehen.

Unfair ➡ Einfach zuschlagen oder Beschimpfungen wie: „Du bist eine Drecksau!" und viele andere.

In der Regel wird hierbei deutlich, ob die Kontrahenten nur „leeres Stroh dreschen" oder der Ausgleich vollzogen ist.

▩ Regel Nr. 2 — *Beim Streiten in Kontakt bleiben*
Sich gegenüberstellen oder gegenübersetzen!

Der Blickkontakt erleichtert die direkte Auseinandersetzung mit dem Streitgegner und die Wahrnehmung eigener Empfindungen. Die Erfahrung aus den Fair-Streittrainings zeigt, dass im Direktkontakt überflüssiges Gerede weitgehend unterbleibt, Schmerz und Wut leichter fließen und die Streitenden schneller zum eigentlichen Kernproblem kommen. Auch die manchmal kurze aber notwendige Stille in Besinnungspausen wird im direkten Gegenübersein leichter ertragen. Für den Abbau von Spannungen in einer Beziehung ist diese Fair-Streitregel unverzichtbar.

Fair ➡ Dableiben, bis der Streit ausgetragen und das Problem gelöst ist. Die Streitgegner halten Kontakt, bis beide einen Gewinn aus dem Streit haben. Nachfragen: „Bist du zumindest etwas zufrieden mit unserer Lösung?"

Unfair ➡ Vermeidung von Blickkontakt beim Streiten; plötzlich weggehen, den Raum verlassen, die Tür hinter sich zuschlagen oder abwertende Fragen stellen wie: „Bist du jetzt endlich fertig?"

■ Regel Nr. 3 — *Wechselseitig reden!*

Es vereinfacht die Verständigung, wenn die Streitenden nacheinander reden. Das wechselseitige Wortgefecht wird besonders dann konstruktiv, wenn sich die Redner kurz fassen.

Fair ➡ „Ich habe dir jetzt das Wichtigste zu dem Problem gesagt. Was ist dein Standpunkt dazu?"

Unfair ➡ Ins Wort fallen! Einfach Drauflosreden, ohne gehört zu werden. Zum Beispiel: „Das interessiert mich gar nicht, was du da sagst." Oder einen unechten untertänigen Vorwurf machen: „Darf ich jetzt auch mal was sagen?"

■ Regel Nr. 4 — *Aktiv zuhören als Zeichen grundlegender Wertschätzung*

Zwei Fragen an Sie, den Leser: Können Sie anerkennen, dass Ihr Streitgegner grundsätzlich, genauso wie Sie selbst, das Recht hat auf eine Problemlösung? Sind Sie zudem bereit, die Gefühle des anderen so ernst zu nehmen wie Ihre eigenen? Sollten Sie diese beiden Fragen bejahen können, dann haben Sie mit dieser Streitregel keine Probleme und die Gefahr des >Sich-dichtmachen< ist weitgehend gebannt.

Fair ➡ Rückmeldung geben: „Ich habe verstanden, du willst …" oder „An diesem Punkt fühle ich mich von dir geachtet, obwohl wir unterschiedliche Absichten haben."

Unfair ➡ So tun, als ob man das Gesagte nicht gehört hat. Egoistisch nur an den eigenen Vorteil denken. Die Innere Einstellung: Der/die ist ja sowieso nicht ganz ernst zu nehmen.

■ Regel Nr. 5 — *Störungen von außen abstellen*

Störungen verhindern die konstruktive Auseinandersetzung zweier StreiterInnen, zum Beispiel: Ablenkungen durch gute Ratschläge anderer, plötzliche Telefonate und Ähnliches. Besonders in der Familie mischen sich immer wieder „gutmeinende Schlichter" ein. Deshalb: Nicht auf Einwände Dritter eingehen. Die Ausnahme sind fachlich geschulte Schiedsrichter, Mediatoren und Therapeuten, die von beiden Kontrahenten akzeptiert sind.

Fair ➡ „Ich bin jetzt nur für unsere Auseinandersetzung da. Alles andere ist jetzt nicht wichtig."

Unfair ➡ „Ich muss mal schnell zum Telefon" oder nebenher die Zeitung lesen, sich um andere kümmern, ohne Ankündigung sich etwas zu Essen oder Trinken holen.

■ Regel Nr. 6 — *Nur um ein einziges Problem streiten*

Miteinander klären, um welchen Problempunkt man streiten will und versuchen, nur dieses eine Problem zu lösen. Nicht selten ergeben sich beim Streitgespräch mehrere Streitthemen, die behandelt werden müssten. Ich habe beim Begleiten von Streitigkeiten während vieler Jahre in der Praxis noch niemals erlebt, dass zwei anstehende Probleme gleichzeitig gelöst werden konnten.

Fair ➡ „Lass' uns zuerst mal klären, welchen Problempunkt wir uns vornehmen wollen" oder „Welcher Punkt ist dir/

113

Ihnen bei diesem Streit wichtig? Ich selbst möchte
gern ..."

Unfair ➡ Vom Problem ablenken. Immer neue Streitpunkte
einbringen oder den Vorwurf: „Das kann man mit dir
sowieso nicht klären."

Hinweise zur Anwendung

Diese sechs Streitregeln bilden das Grundgerüst für faire Auseinandersetzungen. Sie sind im Einzelfall noch zu erweitern oder
zu präzisieren. Angewendet, wie oben beschrieben, wirken sie
meist sofort und oft nachhaltig. Der noch lernende Fair-Streiter
wird jedoch nicht alle Regeln gleichzeitig beachten können. Deshalb rate ich: Wenn Sie sich für Ihren nächsten Streit nur eine
einzige der sechs Regeln vornehmen und damit vielleicht nur ein
Teilergebnis erzielen, wird sich das dennoch auf Ihr Streitverhalten insgesamt positiv auswirken. Bitte starten Sie Ihren ersten
Versuch nicht gleich bei einem schweren Konflikt mit Ihrem Erz-
feind. Probieren Sie die eine oder andere Regel zunächst mit
Ihrem Intimpartner oder Freund aus. Reden Sie möglichst miteinander nach dem gelungenen Streit über Ihre Erfahrungen.
Allein die Bereitschaft, sich auf eine Fair-Streitregel einzulassen,
kann wirksam sein und verändertes Streitverhalten nach sich
ziehen.

Wenn es ur-plötzlich knallt

Tipps für Betroffene

Streitigkeiten entstehen häufig ganz plötzlich wie ein Blitz aus heiterem Himmel. Es kracht unerwartet und als Betroffener sind wir dann völlig überrascht. Den Opfern solcher Überraschungsangriffe sei gesagt: Die Täter sind meistens destruktive Streittypen (siehe Seite 27). Also – bleiben Sie cool, halten Sie Blickkontakt, atmen sie tief durch und überdenken Sie Ihre Strategie. (Nur bei vermutlichen Körperverletzern ist Flucht angesagt!)

Beispiel: Der Chef stürzt in Ihre Abteilung und kommt direkt auf Sie zu: „So geht das nicht! Das ist ein absoluter Mist, den Sie da fabriziert haben."
Eine faire Reaktion wäre: „Ihre Wut höre ich, o. k.! Aber sagen Sie mir, was genau ärgert Sie und was habe ich falsch gemacht?"

Überraschungsangriffe kommen aber nicht nur von Streittypen wie Verletzern oder Motzern. Plötzlich ausbrechende Konflikte beruhen manchmal auch auf echten Gefühlen eines kongruenten Fair-Streiters. Aber auch hier mein Tipp für Betroffene: ruhig bleiben und zuhören. Sie spüren dann sehr bald, ob der Gefühlausbruch Sie niedermachen will oder auf Wertschätzung beruht. Außerdem kennen wir alle meistens unsere Pappenheimer, die ur-plötzlich losschreien, egal ob fair oder unfair.

Beispiel: Ihre Kollegin explodiert (mit einem Schreiben in der Hand) und im selben Moment merken Sie, auweia, ich bin gemeint: „Hör mal! Jetzt langt es mir! Es macht mich wütend, wenn ich mich wie in diesem Falle nicht auf dich verlassen kann."
Eine faire Reaktion wäre: „Es tut mit Leid, dass du dich wegen mir geärgert hast. Zeig mal her, was ist denn da passiert?"

Erst Fühlen, dann Denken und Handeln

Das >Drei-Schritte-Programm< des fairen Streitens*

Es gibt einen Weg zur konstruktiven Konfliktlösung, der Destruktivität verhindert und faires Streiten leichter macht. Die drei Schritte: Affektabfuhr, Problemlösung und Ausführung bieten ein einfaches Grundraster für jede Auseinandersetzung. Das >Drei-Schritte-Programm<, entwickelt nach tiefenpsychologischen Erkenntnissen der Humanpsychologie, bewährt sich seit einigen Jahrzehnten im Fair-Streittraining und Praxisalltag mit und ohne Anleitung. Es entspricht dem natürlich-menschlichen Bedürfnis nach Offenheit, Direktheit und fairem Miteinander. Das Fair-Streit-Programm funktioniert umso mehr, wenn die Streitregeln eingehalten und echte Gefühle gezeigt werden.

Vorbereitung ➡	Ein wirklich guter und fairer Streit beginnt mit der Vorbereitung auf die Auseinandersetzung. Dabei wird geklärt:
Wer streitet?	Wer streitet mit wem?
	Was ist das zentrale Streitthema?
Wann?	Was ist der Problempunkt?
	Hat bei der Problemlösung jemand mitzureden?
	Was könnte den Streit erschweren/verhindern?
	Wer könnte sich ungefragt einmischen?
	Was habe ich zu verlieren?
	Was will ich erreichen?
Wo?	Wo kann ich Zugeständnisse machen?
	Wo auf keinen Fall?
Um was wird gestritten	Streite ich freiwillig oder in Abhängigkeit?

Solche und andere Fragen kann man für sich selbst zu klären versuchen. Manche davon müssen mit dem Streitgegner vereinbart werden.

---

* Nach der Theorie von G.R.Bach.

Beispiel:

StreiterIn A: „Ich möchte dieses Problem unbedingt bald mit dir besprechen, damit das wieder gut wird zwischen uns."

StreiterIn B: „Ich bin damit sehr einverstanden, denn es hat sich um dieses Problem viel aufgestaut, zumindest bei mir.

StreiterIn A: „Bei mir auch. Also, wann und wo klären wir das?"

▨ 1. Schritt Die Affektabfuhr

Ausgangs- ➡ Emotionale Fairness bei Konflikten heißt: offener
punkt   und direkter Austausch von problembezogenen
               Konfliktgefühlen. So wie unser Körper nach der
               Nahrungsaufnahme und deren Verarbeitung die
               Reststoffe ausscheidet, so werden Konfliktgefühle
Innere   der Streitenden als sozial bedingte Reststoffe abge-
Einstellung führt, damit sie Körper und Seele nicht vergiften.
               Gemeinsame Affektabfuhr macht betroffen und
               vertieft das Fühlen. In der fairen wertschätzenden
               Konfrontation entsteht jedoch Mitgefühl, emotio-
               nale Nähe und Ausgleich. Der Ausdruck und die
Das Ziel   Abfuhr von störenden Gefühlen befreit den Or-
               ganismus von Spannungen und ermöglicht im 2.
               Schritt (Die Problemlösung) klares Denken und
               Sachlichkeit.

Der Weg   Gegenübersetzen oder -stellen. Bleibe im Augen-
               kontakt, atme tief ein und achte dabei auf deine
               Gefühle. Denke an das Problem und an dein natür-
               liches Recht, deine Wut dazu, die Enttäuschungen,
               die Verletzungen, die Angst und den Ärger dabei
               zu zeigen. – Dein fairer Gegner macht es ebenso
               wie du. Ihr seid gleichberechtigt beim Fühlen. Kör-
               perlich Abstand halten (ca. 1,5 m), ohne einen Tisch
               und Ähnliches dazwischen.

Die Kon-   Nacheinander oder gemeinsam die Gefühle laut
frontation   und deutlich zum Ausdruck bringen. Dabei kräftig

117

Den Körper einbeziehen

ausatmen, eventuell die Arme zu Hilfe nehmen, Bewegungen, als wenn man etwas vor sich hinwerfen will. (Hier liegt der positive Urgrund des deutschen Wortes „Vorwurf" = sich vor-werfen, dem anderen zeigen.) Gefühle, Emotionen und Affekte hin-aus-werfen. Auch das Draufschlagen auf ein Kissen zwischen den Konfliktpartnern ist hilfreich. Hierzu reicht die Hand, ein Knüppel, Tennisschläger, Gartenschlauch oder eine Plastikkeule.

Wenn es zum Himmel schreit

Unsere Gefühle sind emotionale Energien, die zur Entladung drängen. Vor allem die Konfliktgefühle kommen hoch und wollen raus. Wir können sie durch tiefes Atmen zwar leise abführen, doch manchmal ist unser innerer Dampfkessel dermaßen unter Druck, dass es uns zum Schreien drängt.

Das destruktive und abwertende „An-schreien" ist in unserer Streitkultur berechtigterweise verpönt.

Dagegen ist der spontane „Auf-schrei" bei Freude, Angst und Schmerz erlaubt. Die Wut aber wird noch immer unterdrückt. Sie ist als zorniger Schrei nur in Großgruppen bei angemeldeten Demonstrationen erlaubt, aber bedauerlicherweise werden auch dabei zunehmend Trillerpfeifen eingesetzt.

Leider gestatten wir uns beim Streiten nicht, die persönliche, echte und autonome Wut herauszuschreien. Solch eine laute Wut verkürzt die Affektabfuhr um ein Mehrfaches. Den Ärger lauthals und fair herauf-lassen ist energiesparend, unschädlich und gesund für Körper und Seele.

▪ Fazit: Auf-schreien anstatt An-schreien.

Beispiele: ➡ Übernehme die Verantwortung für deine eigenen Gefühle und benutze die „Ich-Sprache", anstatt immer mit „Du bist…" zu beginnen. Rede nur von dir selbst: „Ich bin wütend!" – „Ich fühle zu diesem Problem eine Menge Ärger in mir." Stelle deinen Schmerz nach vorn: „Es verletzt mich sehr, wenn

Mit-fühlend verstehen du das…machst." Was genau hat der andere gemacht? Gib eine exakte Beschreibung des Verhaltens, anstatt: destruktiv vorwurfsvoll: „Immer machst du…"

„Ich habe Angst, dass unsere Beziehung unter diesem Problem auf Dauer zerbricht" anstatt: „Du

Nachfragen machst unsere Beziehung kaputt."

„Ich habe verstanden, dass du zornig bist."

„Ich sehe, dass ich dich verletzt habe."

„Ich habe gehört, dass es dich ärgerlich macht, wenn ich…" anstatt: „Das kann ich nicht nach-

Nicht zu- empfinden."

rückschießen „Du kotzt mich an!" – „Ich bin nur wütend, weil du…".

„Was hat dich dabei so wütend gemacht?"

„Was habe ich dazu getan, gesagt?", anstatt alles für dich Unangenehme abzustreiten.

Gefühle Über eigene und fremde Gefühle nicht diskutieren:

nicht „Immer du mit deinen Gefühlen." – „Warum musst

bewerten du immer so laut sein, wenn du wütend bist?"

„Kannst du deinen Ärger nicht anders ausdrücken?"

„Deine Angst ist völlig unbegründet."

Gefahren ➡ Das Ausdrücken von Gefühlen zu übertreiben. Übermäßig lange Gefühlsausbrüche verlieren ihre reinigende Wirkung und können ins Destruktive (in Groll, Trotz, Vorwürfe und Jammern) abgleiten. Für die Affektabfuhr und das Streitgespräch gilt allgemein: >In der Kürze liegt die Würze<. Auch das Gegenteil davon hat negative Folgen.

Zum Beispiel:
„Ja, es hat mich ein bisschen geärgert, aber es war nicht schlimm." Obwohl man vorher eine Mordswut hatte. Abgeschwächte Affekte holen uns später wieder ein.

Entscheiden Sie selbst, ob es zum Beispiel sinnvoll ist, ihrem Chef konfliktgeladene Emotionen zu zeigen, wenn Sie gleichzeitig eine Gehaltserhöhung durchsetzen wollen.

Alternativen:
Lassen Sie Ihre Wut vor dem Streitgespräch raus:

Zum Beispiel bei Fremden, an einem für Sie sicheren Ort, vor Ihrem Spiegel im Selbstgespräch, oder schlagen Sie kräftig auf die Matratze, indem Sie sich ihren Streitgegner vorstellen und laut den Namen und Ihre Gefühle aussprechen.

> **Die Kunst der Affektabfuhr beim Streiten ist:**
> **die eigenen Gefühle zu erkennen, zu benennen**
> **und entscheiden zu können, ob und welche Gefühle**
> **du ausdrücken willst.**

■ 2. Schritt **Die Problemlösung**

Ausgangs- ➡ Nach einer gründlichen Affektabfuhr ist der Bauch
punkt leer und der Kopf klar zum Denken. Im befreienden Aufatmen richtet man den Blick nach vorn auf das zu lösende Problem.

Innere Nachdem ich meinen Ärger losgeworden bin und
Einstellung damit verstanden wurde, gehe ich voller Vertrauen ins klärende Streitgespräch. Ich habe ein Ziel, aber ich werde nicht alle Probleme gleichzeitig lösen.

Beispiele: ➡ Zahllose Beispiele aus fairen Streits belegen, dass die 2. Streitphase, „Das Ringen um eine Lösung", spürbar leichter wird, wenn der Hauptärger und die größte Wut erst mal verraucht ist.

Beim Ehepaar Schneider, dem es am guten Willen nicht fehlte, war das Austragen von Konflikten immer schwierig gewesen. Nach einem Kurzseminar: „Die drei Schritte beim Streiten" änderte sich das. Herr Schneider: „Ich habe eingesehen, dass zum Lösen von Problemen das gemeinsame Auflösen der Affekte dazugehört."

Frau Schneider bestätigte die Erkenntnis ihres Mannes und sie hat auch schon ein verändertes Streitverhalten wahrgenommen: „Wir rennen nicht mehr weg, wenn es Spannungen gibt und bleiben da, bis es wieder gut ist."

Auch in der Familie Evert gibt es seit den Erfahrungen mit der „emotionalen Familienkonferenz" (Seite 133) eine neue Streitkultur. Dazu Frau Ebert: „Die ganze Atmosphäre bei uns hat sich gefühlsmäßig völlig verändert." Carsten (10 Jahre) bekräftigt die Wahrnehmung seiner Mutter: „Ja, das ist toll. Man kann jetzt alles aussprechen, was einen so ärgert, ohne dass gleich jemand was dazu sagt."

Das Ziel ➡ Den strittigen Punkt finden, an dem die Streitenden klärend mitarbeiten wollen.

Diesen Problempunkt versuchen zu klären. Der faire Streit endet mit einer Vereinbarung und einer, wenn auch minimalen Veränderung in die gewünschte Richtung. Ein guter Streit ist unmöglich, wenn dabei eine Person „nur verliert".

Bei der Lösung des Problems müssen alle Beteiligten für sich selbst einen Gewinn erkennen können. Carsten dazu: „Ich wollte den Streit zwar nicht, aber jetzt bin ich doch froh."

Streit- ➡ Alltagsstress: Ich brauche endlich Ruhe.
themen: Freundschaften: Zuverlässig oder nicht?
Am Arbeitsplatz: Wer ist zuständig, für was?
Im Team: Unterschiedliche Arbeitsstile.

Partnerschaft: Mir fehlt das Zwiegespräch, der Sex, die Unternehmungen.
Der Haushalt: Wer putzt wann was?
Das Bankkonto: Wer ist unser Finanzminister?
Elternschaft: Die Kunst, Kinder zu erziehen.
Familie: Das Aufräumen und das Taschengeld.
Diese und andere Anlässe haben oft eine Fülle von Unterthemen, Grundproblemen und Kernkonflikten.

Der Weg ➡ Gehe mit >Mut für Neues< in die Verhandlungen! „Den" Problempunkt benennen. Störendes Verhalten des Streitgegners konkret beschreiben: „Deine Verspätung betrug genau 20 Minuten" anstatt „Du kommst immer zu spät" oder „Ich denke über den Punkt anders" anstatt „Es ist mir egal, wie du darüber denkst."
Wünsche zur Veränderung präzise formulieren und nachfragen, ob sie angekommen sind. Zum Beispiel: „Ich möchte, wenn ich nach Hause komme, euch alle kurz begrüßen und danach 15 Minuten Pause für mich allein. Hinterher bin ich für euch da" anstatt nicht gerne heimkommen, völlig sauer auf Wünsche reagieren oder sich von anderen zuschütten lassen.
Achtung! Erneute Streitgefahr.

Beispiele und Tipps
Werde dir klar, was du im Streitgespräch erreichen willst und teile dich deutlich mit. Handelt die alternativen Lösungen miteinander aus. Vereinbart klare Abmachungen und überprüft, ob alle damit einverstanden sind.

Beteiligte, die besonders große Zugeständnisse machen müssen, sollten auch besonders geachtet werden.

Ein kleines Beispiel dafür gab eine Mutter vom Streit mit ihrem 14-jährigen Sohn: Klaus ließ nach der Schule seine Schultasche oft einfach mitten in der Diele fallen. Der Streit mit seiner

Mutter ließ dann nicht lange auf sich warten. Nach oft erfolglosen Streitigkeiten darüber versuchte die Mutter eine konstruktive Problemlösung. Nach dem Streitgespräch lautete die Vereinbarung: Wenn Klaus seine Tasche direkt in sein Zimmer trägt, bekommt er ein Lob von der Mutter. Er darf die Anerkennung auch einfordern, wenn sie es vergisst.

Nach zwei Wochen fragte die Mutter ihren Sohn: Was ist jetzt dein Gewinn bei dieser Lösung, denn du musst ja jetzt immer gleich dran denken aufzuräumen und das jedes Mal?" Klaus zeigte sich zufrieden: „Erstens gibt es jetzt nach der Schule weniger Ärger und zweitens noch eine Anerkennung."

Vereinbarungen sind besonders wirkungsvoll, wenn sie schriftlich aufgezeichnet werden. Solche „Streitspickzettel" hängt man sichtbar am Ort der Konflikte auf. Zum Beispiel die Haushaltsdienste am Kühlschrank. Putzdienste am Besenschrank, andere in der Diele, am Telefon oder im Büro auf dem Schreibtisch.

Von einer besonderen Vereinbarung erzählte mir ein Ehepaar nach einem Intimstreit. Über ihrem Ehebett hing vier Wochen lang ein >Liebesvertrag<.

„Ich (Vorname) verspreche meiner Frau, mindestens 15 Minuten zu kuscheln vor dem Sex" und „Ich (Vorname) verspreche meinem Mann eine besondere Liebkosung nach diesen 15 Minuten." Die Liebkosung wird vorher nicht verraten.

Zur Nachahmung sei ungeduldigen Anfängern dieser Problemlösung eine Eieruhr zu empfehlen. Auf Nachfragen hat das Paar den Liebesvertrag erfüllt und später nicht mehr gebraucht. Ergebnis: Ein erfülltes Liebesleben.

Gefahren
Wünsche des anderen völlig ignorieren. – Nur eigene Lösungen egoistisch durchsetzen. – Dauernd für den anderen mitdenken. – Sich bei der Problemlösung zuviel vornehmen.

Heißer Tipp ➡ In einer besonders „friedlichen Phase" die „Fair-Streitregeln" noch mal gemeinsam lesen und darüber diskutieren: Was wir schon gut können und woran man noch arbeiten will.

Wenn die Schuld einen plagt

Ist ein Konflikt vorhanden, geht es um dessen Lösung und die Fragen von Schuld und Unschuld. Unser schlechtes Gewissen lässt uns dann schuldig oder unschuldig fühlen. Damit treibt das Gewissen unser natürliches Bedürfnis nach Wiedergutmachung an. Auf einer niederen Ebene des Streitens gehen wir also auf die Suche nach dem Schuldigen. Ist er gefunden, fühlen wir uns befreit.

Bin ich selbst der Schuldige, beginnt die Verleugnung der Wirklichkeit und ich verweigere die Verantwortung für mein Handeln. Doch Verantwortung heißt „Antwort geben" und wer Antwort gibt, entgeht dem Schuldgefühl.

▧ Fazit: Die Lösung eines Problems liegt in der Kraft der Antwort, weniger in der Schuldfrage.

Abschlussritual
Ist die Lösung des Problems erarbeitet und vereinbart, wird der Streit mit einem Ritual abgeschlossen.

Beispiele:
Man gibt sich die Hand und schaut sich mindestens zwei Sekunden in die Augen. Mit einem Kopfnicken sprechen beide Streitgegner hörbar den Satz: „Danke, dass du mir zugehört hast."

Auch andere Dankessätze sind am Ende sinnvoll. Zum Beispiel: „Danke, dass du meinen Wünschen entgegen gekommen bist" oder „Danke für dein Nachgeben an dem für dich so schmerzlichen Punkt." Oder: „Danke, für deine Ehrlichkeit und Offenheit." Das Abschlussritual stellt die Nähe wieder her oder bekräftigt eine neue Nähe. Mit dem >Sich-entgegenkommen< wird die Beziehung neu definiert.

Nach der Begleitung vieler fairer Streits konnte ich häufig beobachten, dass sich Menschen nach einem Streit spontan umarmten. Als Streittrainer fordere ich nicht dazu auf, aber ich achte darauf, dass sich die Gegner ein deutliches Zeichen des Friedens geben. Das minimalste Ritual ist eine freundliche Geste und mit der Berührung des kleinen Fingers. Abschließender Blick- und Körperkontakt besagt: Dieser Streitpunkt ist abgeschlossen.

Störende Affekte
Obwohl die störenden Gefühle und Affekte im 1. Schritt eines fairen Streites ausgedrückt wurden, können sich beim strittigen Hin und Her des Streitgesprächs neue Konfliktgefühle aufbauen. Diese haben in der Regel nicht mehr die Brisanz der Affektabfuhr, sind jedoch merklich vorhanden. Die Erfahrung zeigt, dass die StreiterInnen während der Verhandlungen um die strittige Sache diese Spannungen im Wortgefecht ausdrücken, doch oft bleiben „emotionale Reste", auch wenn man sich vorher davon gelöst hat.

Die Restabfuhr
In solchen Fällen sollten sich die Streitgegner nach der Vereinbarung (vor dem Abschlussritual!) noch einmal gegenüberstellen und laut hörbar miteinander kräftig ausschnaufen. Das Ziel ist das Herausschleudern von Restärger und Anspannungen.

Diese „emotionale Restabfuhr" von Konfliktgefühlen, zum Beispiel: Ärger, Angst und Verletzungen, wechselt nach meinen Beobachtungen sehr bald in das Gefühl von Erleichterung und Freude miteinander.

▨ 3. Schritt **Die Ausführung**

Ausgangs-punkt ⇒ Das Problem ist beseitigt. Jetzt geht's ans Handeln. Mit frischer Power und Selbstvertrauen packen wir es an. Vereinbarungen, die nicht in konkretes Handeln umgesetzt werden, sind wertlos. Problemlösungen nach einem Streit, die nicht praktisch ausgeführt werden, ziehen den nächsten Streit nach sich (voraussichtlich um den selben Streitpunkt). Ob im Berufsalltag oder im privaten Bereich; vermutlich hat jeder von uns solche Erfahrungen bereits gemacht. Dass die Einsicht und die gute Absicht nicht genügt, musste auch das Ehepaar Barthel schmerzlich erfahren. Beruflich im gemeinsamen Unternehmen sehr engagiert, stritten sie zunehmend über das Problem: Mangel an Zärtlichkeit und Sex. Beide wollten daran ernsthaft was ändern und nahmen sich fest vor, dafür mehr Zeit einzuplanen. Doch dabei blieb es. Auch der Rat von Freunden: „Spannt doch endlich mal aus", wurde zwar bejaht, aber nicht in die Tat umgesetzt. Erst lange nach ihrer Trennung erkannten sie: „Wir haben was falsch gemacht."

Ein ganz anderes Beispiel aus dem Bereich Kindererziehung bezeugt, was passiert, wenn Probleme unbedacht und eigenmächtig gelöst werden:

Es ist später Nachmittag und Beate (12 Jahre) drückt sich mal wieder erfolgreich um ihre Hausaufgaben. Der nächste Streit mit der Mutter ist also vorprogrammiert. „Wenn du dich nicht gleich damit hinsetzt, gibt es heute Abend kein Fernsehen!", tönt die Mutter. Den Ärger hat sie zwar rausgelassen, doch das Problem übereilt und allein gelöst. Doch die Ausführung wird schwierig, denn am Abend kommt eine für alle hochinteressante Sendung. – Was tun? Wenn solche drastischen Ankündigungen mehrmals nicht ausgeführt werden, sind die besten Erziehungsvorhaben torpediert.

Problemlösungen und Vereinbarungen bei Konflikten später vergessen, nicht einhalten oder einseitig verändern machen erfolgreiches und faires Streiten unmöglich.

Der Weg ➡ Setze die Konfliktlösungen in Verhalten um.

Nimm dich selbst, deinen Mitstreiter und eure Abmachung ernst.

Gib deinem Streitpartner positive Rückmeldung, wenn du bemerkst, dass er/sie sich an die Vereinbarung hält. Zum Beispiel: „Mir fällt es auf, dass du unsere Verabredung in der letzten Zeit pünktlich einhältst." Beschreibe die positiven Folgen daraus. Genieße, wie konstruktives Streiten nicht nur das Verhalten ändert. Es macht sogar Freude und verwandelt deine Einstellung zu Konflikten ins Positive. So beginnt eine neue Streitkultur.

> **Das Streiten nach den 3 Schritten macht Mut, es beim nächsten Mal wieder zu versuchen.**

Hilfreiche Rituale

Unser Leben ist voller Rituale. Es beginnt fast immer mit: „Wie geht's?" – „Ganz gut und selbst?" – „Auch gut!" oder bei einem Besuch: „Kommen Sie rein!" und kurz danach „Wollen Sie was trinken?" Solche höflichen Gesten und Begrüßungsrituale helfen die Distanz zu überwinden und Nähe herzustellen, ohne sich selbst zeigen zu müssen. George Bach, einer der Pioniere bei der Entwicklung von Aggressionsritualen, fand nach wissenschaftlichen Studien heraus, dass gesellschaftliche Rituale gewissenhaft ausgeführt werden, um „die gute Laune zu heben" und er fährt fort: „Der feste Händedruck, der freundschaftliche Schlag auf die Schulter, das liebenswürdige Lächeln und anderes mechanisches Begrüßungsverhalten gehören zum gegenseitigen Beruhigungsritual und gelten als Symbole für eine „freundliche Gesinnung" (Bach/Goldberg 1974).

Als Kinder hatten wir noch die natürliche Fähigkeit, spontan miteinander zu spielen, dabei plötzlich in einen Streit zu geraten, uns gegenseitig zu beleidigen und kurz darauf wieder die besten Freunde zu sein. Doch alles das kommt im Erwachsenwerden langsam abhanden und so müssten wir zum Einsiedler werden, hätten wir die Rituale nicht.

Es gibt erfolgreiche Ansätze zur Veränderung von Depression und Feindseligkeit, denn in der Psychologie und Pädagogik sind inzwischen Rituale und Übungen entwickelt worden, die eine neue Streitkultur möglich machen.

Die Anfänge solcher „Fair-Streitrituale" finden wir nach dem Zweiten Weltkrieg vor allem in der Gruppenpsychotherapie bei George Bach. Inzwischen werden seine und die von seinen Schülern weiterentwickelten Rituale weltweit nicht mehr nur in der Therapie angeboten. Es zeigte sich, dass eine Weiterführung von Bachs Aggressions- und Streitritualen mit zahllosen Variationen auf allen Bildungsebenen bis hinein in jede Beziehung möglich ist.

Rituale für faires Streiten

Die folgenden Rituale und Übungen bieten Möglichkeiten zur Schaffung einer konstruktiven Streitkultur. Sie sollten als Rahmenschema verstanden werden für eine gefahrlose und geordnete Abfuhr und Äußerung von aggressiven Gefühlen. Die theoretische Grundlage dieser Fair-Streitrituale ist die wissenschaftliche Erkenntnis und Erfahrung, dass die feindselige Aggression und Gewalt eines Menschen in dem Maße abnehmen, indem die strukturierte, also rituelle Aggressionsäußerung und der Ausdruck aller natürlichen Konfliktgefühle (also Wut, Ärger, Hass, Verletzungen, Enttäuschungen und Ängste) zunimmt.

Mit der Anwendung der Rituale kann jedoch ein bestimmtes destruktives Verhaltensmuster oder ein genanntes Problem nicht direkt verändert werden. Dafür wurde eigens das „Programm der drei Schritte" entwickelt, bei dem das Problemverhalten im Zentrum der beabsichtigten Veränderung steht. Das gedachte Ziel mit den Streitritualen ist deren gleichwertiger Bestandteil im Lebensalltag neben denen der vorgenannten Freundlichkeitsrituale.

Die Fair-Streitrituale* können Sie zu zweit mit Ihrem Partner, in der Familie oder in Gruppen durchführen. Sie haben zum Teil

---

* Die hier beschriebenen Rituale und Übungen wurden erdacht und weiterentwickelt von G. R. Bach, H. Goldberg, Kh. Moosig und anderen nicht genannten Therapeuten und Pädagogen.

einen rein rituellen Charakter, zum Beispiel: „Der Fair-Streitvertrag", andere sind eher experimentelle Übungen wie: „Das Ja – Nein" oder das Rollenspiel „Grenzen setzen". Zu beachten sind freilich individuelle Gegebenheiten wie zum Beispiel das Alter der Teilnehmer, vorhandene Räumlichkeiten und Zeitabläufe, nach denen die Rituale variiert werden müssen. Unabänderlich ist zu Beginn jedoch die Streitregel Nr. 1: Keine Gewalt gegen Personen, gegen Sachen oder gegen sich selbst. Abgeleitet von der Regel der Gewaltlosigkeit gilt der Grundsatz, dass niemand zu einem Streitritual oder einer Aggressionsübung gezwungen werden darf. Deshalb gibt es für alle Rituale das Reglement, sich zu Beginn das Einverständnis aller Beteiligten einzuholen. Auch sollten derartige Kommunikationsübungen an der persönlichen Schmerzgrenze beendet werden. Letzteres gilt freilich nicht für Streittrainings unter psychotherapeutischer Leitung, bei denen persönliche, auch schmerzliche Grenzen bewusst überschritten werden müssen, um leidvolle Erfahrungen aufzuarbeiten.

Nach jedem Ritual, mit oder ohne therapeutischer Begleitung, gilt jedoch das Prinzip des Dankens. Damit wird die Fairness und das Vertrauen miteinander gefestigt und verstärkt. Also viel Freude und kreativ-konstruktive Aggressionen beim Üben mit den Ritualen.

»Der Fair-Streitvertrag«

Ein altes Sprichwort besagt: >Zum Streiten gehören immer zwei<. Sollten Sie also fest entschlossen sein, faires Streiten üben zu wollen, dann teilen Sie es Ihrem Freund oder Partner, Ihrer Familie oder im Team mit. Äußern Sie Ihre Absicht und laden Sie jemanden zu einem Streitritual ein, das Ihnen beiden zur Fairness verhilft und auf einfache Weise den Weg dazu freimacht. Zur Durchführung des „Fair-Streitvertrages" genügt es, wenn die Vertragspartner die Existenz eigener destruktiver Streitmuster erkennen und verändern wollen. Zum Beispiel: „Ich rede oft zu lange." – „Ich höre manchmal nicht richtig zu." – „Ich weiß manchmal nicht, was ich wirklich will und mache damit den anderen verrückt." oder „Ich werte im Stillen meinen Streitgegner ab."

Das Ritual sollte verstanden werden als eine Absichtserklärung des guten Willens. Dazu stellt man sich gegenüber und gibt sich die Hand. Danach spricht eine der beiden Personen im Blickkontakt mit dem Gegenüber den nachfolgenden oder sinngemäß ähnlichen Wortlaut:

1. Person A: „Ich will mit dir fair streiten und ich will dich dabei nicht verletzen. Wenn es dennoch passiert, bitte sage es mir."
2. Person B: (antwortet) „Ich habe von dir gehört, dass du mit mir fair streiten und mich dabei nicht verletzen willst. Wenn es dennoch passiert, sagst du, soll ich es dir sagen."
3. Person A: (bestätigt) „Ja, so fühle ich mich von dir verstanden."
4. Person B: spricht danach die gleiche Vertragsformel wie unter Punkt 1.
5. Person A: bestätigt das Gehörte wie unter Punkt 2.

Nach der abschließenden Bestätigung bedanken sich beide gegenseitig für die getroffene Vereinbarung. „Ich danke dir für deine Zustimmung zu unserem Fair-Streitvertrag."

Dieses Streitritual geht von zwei Annahmen aus: Erstens, dass wir Menschen uns im Zusammenleben verletzt fühlen, wenn andere uns ihren Ärger zeigen, uns kritisieren oder wenn wir uns nicht ernst genommen fühlen. Zweitens, dass wir uns verletzen, auch wenn wir es nicht beabsichtigen.

Bei diesem Fair-Streitvertrag ist darauf zu achten, nicht nur die Worte aus- und nachzusprechen. Das Gesagte sollte auch mit einer bejahenden inneren Einstellung übereinstimmen. Mit der Haltung: „Ich sage es dir und mir selbst" ist es eine Botschaft an die eigene Person, so dass die Seele mitschwingen kann. Zur Selbstüberprüfung fragt man sich nach dem Vertrag im Stillen: Glaube ich das wirklich, was ich da eben ausgesprochen habe?

Die Erfahrung ungezählter Fair-Streitverträge bestätigen die Rückmeldungen, dass sich die Vertragsparteien direkt nach diesem

Ritual erleichtert und zuversichtlich fühlten. Dazu ein Beispiel: Die fünf Mitarbeiterinnen des Teams einer sozialen Einrichtung in Frankfurt setzen sich einmal monatlich zusammen und reflektieren ihren Umgang untereinander. Auch Konflikte gehören regelmäßig zur Tagesordnung. Vor einigen Wochen haben alle den rituellen Vertrag abgeschlossen und Frau Böhmer sagt nun dazu: „Ich bin wirklich verwundert. Mein Eindruck ist, dass wir in letzter Zeit offen und achtsam miteinander sind. Es ist erstaunlich, was so ein Ritual bewirken kann." Die Kolleginnen stimmen ihr zu und Frau Heine meint: „Dieses Ritual ist sicher auch etwas für unsere Jugendlichen." Mich selbst als Streittrainer dieses Teams stachelte dieser Erfolg freilich an, denn ich meinte spontan: „Also dann möchte ich euch zum nächsten Streitritual einladen. Auf geht's."

Wechselseitige Willenserklärungen zur Fairness können kurzfristig ein Klima des Vertrauens schaffen, doch sind die guten Absichten auf Dauer zu wenig, um alte tief verwurzelte Gefühls- und Streitmuster zu verändern. Die Fairnessabsicht ist jedoch wie der Gewaltverzicht eine wesentliche Grundlage, auf der die Bemühungen um ein konstruktives Streitverhalten fortgeführt werden. Davon handelt das Beispiel des Ehepaars Baumann:

Die Frau hatte ihren Mann erst davon überzeugen müssen, dass ein gemeinsames Fair-Streittraining besser sei, als wenn sie nur allein am Training teilnimmt. Als nun beide dabei waren, sagte Herr Baumann nach dem Streitvertrag mit seiner Frau: „Ich bin jetzt doch froh, hier zu sein, denn ich glaube, dass es uns hilft, und gespannt bin ich auch, wie die nächsten Rituale weitergehen."

»Vulkan-Rituale«

Wenn der emotionale Druck im Innern des Menschen zu groß wird, explodiert die Wut im Bauch. Ein Vulkan spuckt Feuer bei Überdruck, der Mensch speit >Gift und Galle<, so der Volksmund. Die Vulkanrituale bieten die Möglichkeit, solchen angestauten Ärger, Frust und Aggressionen, kurz gesagt seine ganzen Wutgefühle und Kränkungen, schadlos herauszuschreien. Man kann diese Rituale im privaten, familiären oder beruflichen Bereich anwenden. Alle an den folgenden Ritualen teilnehmenden Personen sollten mit der Durchführung einverstanden sein.

»Dampfablassen«

Dieses Ritual zielt auf den völlig ungesteuerten Ausbruch von störenden Gefühlen und Gedanken, die sich im Laufe einer Zeit angesammelt haben. Es kann zu zweit oder in einer Gruppe durchgeführt werden. Dabei ist die Regel, dass immer nur eine oder einer der Anwesenden das Ritual macht, also völlig unstrukturiert laut redet und losbrüllt. Der >Wütende< darf von den Zuhörern nicht unterbrochen werden, auch Nachfragen oder gutes Zureden sollte unterbleiben. Unterstützt wird dieser >Vulkanausbruch< durch körperliches Ausagieren, wie zum Beispiel mit der Hand nachdrücklich auf ein Kissen schlagen, mit einem Knüppel auf ein altes Telefonbuch oder Matratzenteil hauen. Auch eine zum Prügel zusammengedrehte Zeitung eignet sich zum Dampfablassen.

Das Ritual benutzen sechs Angestellte einer Abteilung in einem süddeutschen Arbeitsamt täglich in ihrer Pause. Eines Morgens bekam Herr H. die Gelegenheit und er donnerte los: „Es ist total zum Kotzen! Diese Stadt bringt es einfach nicht fertig, eine Schnellbahn in unseren Ort zu bauen. Ich würde das Auto ja gerne daheim lassen, doch bin ich jeden Tag, den Gott erschaffen hat, gezwungen, meine Zeit in diesem scheiß Stau zu verbringen. Bin ich dann endlich hier, muss ich an diesen Reihen von jammervoll wartenden Menschen vorbei, bis ich dann endlich im Büro bin. Komm ich rein, sehe ich nur die vorwurfsvollen Gesichter meiner werten Kolleginnen, weil ich mal wieder zu spät gekommen bin. Diese fast tägliche Wut macht mich hilflos, wenn ich sie hier nicht laut rausschreie."

Es war am Anfang nicht leicht für die Mitarbeiter dieser Abteilung, das Ritual durchzuhalten, doch inzwischen machen alle gern mit und jeden Tag ist ein anderer Kollege oder eine Kollegin dran. Nach ihren Aussagen ist die Mitteilung ihrer Frustrationen für das Wohlbefinden und den Teamgeist inzwischen unverzichtbar geworden.

Das rituelle *„Dampfablassen im Beisein von Eingeweihten"* empfiehlt sich für alle Stress- und Krisensituationen des Alltags, ob im Arbeits- oder Freizeitbereich. Überall dort, wo aus Rücksicht auf die jeweilige Situation und die Menschen natürlich aufkommende Gefühle zurückgehalten werden, entstehen Spannungen, für deren unschädliche Entladung dieses rituelle Dampfablassen eine Gelegenheit bietet.

»Emotionale Familienkonferenz« – (EFK)

Zu diesem Ritual werden alle Familienmitglieder eingeladen. Jeder wird zur Teilnahme gebeten, auch solche Kinder, die noch nicht mitreden können oder aus irgend einem Grunde behindert sind. Sind alle anwesend, wird über den passendsten Ort verhandelt. Ist dieser Platz gefunden (meistens ist es der Teppichboden im Wohnzimmer) und der Tisch an die Seite geräumt, werden alle möglichen Störungen abgestellt. Das Telefon, die Türklingel, aber auch Haustiere sollten sich nicht einmischen können. Zum Ritual wird ein >Aggressionsgerät< ähnlich wie beim Dampfablassen benötigt. Besonders geeignet dafür ist ein Schaumstoff-Schläger, mit dem man gefahrlos auf den Teppich schlägt.

Grundlage für die emotionale Familienkonferenz (EFK) sind die Basisgefühle, die jeweils von einer einzigen Person wie beim „Dampfablassen" ausgedrückt werden. Dieses Ritual ist keine „Familiendiskussion" oder eine „Anklagesitzung". Das Ziel ist, alle Emotionen, die das familiäre Wohl-Befinden zur Zeit stören, nach außen zu bringen, damit die Liebe wieder gut fließen kann, denn wo Angst, Wut und Kränkungen sind, kann keine Liebe sein.

Zu Beginn setzen sich alle in die Runde und jemand in der Familie spricht die rituelle Einstimmung. Zum Beispiel: Wir alle sind berechtigt, unsere Gefühle voll auszudrücken. Danach nimmt eine Person den Schläger und beginnt, denn in diesem Ritual redet nur derjenige, der den Schläger in der Hand hat. Alle anderen Familienmitglieder hören achtsam und schweigend zu. Beispiel: Die Familie Müller, die Eltern mit Ralph (11 Jahre) und Kerstin

(6 Jahre) sitzen an einem Samstagmorgen zusammen im Wohnzimmer und erinnern sich an die negativen Gefühle dieser Woche. Heute scheint Ralph am ehesten dran zu sein, denn er nimmt spontan den Schläger in die Hand. Die anderen nicken noch zustimmend, doch in Ralph kocht es schon. Er schlägt mehrmals noch ohne einen Laut auf den Boden und dann sprudelt es aber laut aus ihm heraus: „Ausgerechnet heute machen wir Familienkonferenz, wo Dieter mit mir 'ne Fahrradtour machen wollte. Scheiße! Und überhaupt geht ihr mir zur Zeit alle auf den Wecker. Nichts wie Aufgaben und Pflichten und dann kommst du auch noch (zur Schwester) und willst immer mit mir spielen." So geht es noch eine Weile weiter und dabei kommt noch viel Ärger heraus über die Schule, die Lehrerin und seinen Fußballtrainer im Verein. Dann schmeißt er den Schläger in die Mitte der Runde, mit der Bemerkung: „So – das reicht erst mal."

Die Erfahrung emotionaler Prozesse hat gezeigt, dass man am besten mit der angestauten Wut und dem Ärger beginnt. Ist das alles raus, fließt oft noch ein reinigender Schmerz, für den es freilich kein Wutschlagzeug mehr braucht. Dann ist Platz für: „Mir hat diese Woche besonders wehgetan, dass …". Dabei tut es gut, mit den anderen auch in liebevollem Körperkontakt zu sein. Zu diesem Ritual gehört es eben auch, seinen Ärger völlig ungebremst den anderen direkt zu zeigen. Dabei geht es nicht um die Lösung eines Konfliktes mit dem Partner oder den Kindern und Geschwistern. Das klärende Gespräch über Problempunkte sollte grundsätzlich zu einem anderen Zeitpunkt stattfinden. Dieses >Ritual der Emotionen< ist allein dazu da, die dicke Luft zu verdünnen, bis man sich wieder in den Arm nehmen kann.

Manche Familien, die bei einem meiner Streittrainings dabei waren, haben später ihre eigene EFK entwickelt und manche Variationen dazu erfunden. Besonders die Kleinfamilien und die Alleinerziehenden mit ihren Kindern verwenden das Ritual täglich vor dem Zubettgehen. Andere Familien führten spezielle Ärger- oder Angstkonferenzen durch. Bei letzteren wurde der berühmte Beruhigungssatz „Du brauchst doch keine Angst zu haben…" zum Tabu erklärt. Im Gegenteil hat bei der >Angstrunde< jeder Zeit, die eigene Angst genau zu benennen, denn nur so kann sich auflösen, was vielleicht nicht real zu sein scheint.

Mit der EFK werden am Ende die emotionalen Energien, die ansonsten allgemein destruktiv gegeneinander gerichtet sind, zu einer mitfühlenden stützenden Kraft für alle Beteiligten. Die emotionale Konferenz endet mit einem >Liebesritual< bei dem sich alle eine positive Rückmeldung geben. Zum Beispiel: Jeder sagt dem anderen, nacheinander: „Was ich besonders an dir mag, ist…" Dabei sollte nur eine persönliche gute Eigenschaft genannt werden wie zum Beispiel: „Ich mag an dir, dass du mich manchmal einfach still in den Arm nimmst" oder „Ich mag an dir, wenn du mit mir spielst." Beim Liebesritual sollte man jedoch auf Erwartungswünsche verzichten wie zum Beispiel: „Ich mag, wenn du dein Zimmer aufräumst" oder „Ich mag, wenn du mir Taschengeld gibst." Ebenso unfair bei einer EFK sind bohrendes Nachfragen, scherzhafte Abwertungen oder das Anspornen zu einer besseren Schulleistung. Erfahrungen solcher Familienkonferenzen zeigen, dass man allgemein wieder mehr miteinander redet und vor allem fair miteinander streiten lernt.

»Zweier-Vesuv«

Für dieses Ritual braucht es eine Person, der man vertraut. Ziel der Übung ist das Bewusstwerden verdrängter feindseliger Empfindungen und Affekte gegen andere, nicht anwesende Personen. Dazu gehören so genannte negative Gefühle, Schuldgefühle, Besorgnisse, Neid und sexuelle Ängste und Süchte, kurz gesagt, die Inhalte der dunklen Seite des Ichs. So wie der Vesuv das Erdinnere, sein zerstörerisches Feuer und giftige Gase ausspeit, soll sich der Mensch mit dieser Übung eine kurze Zeit des vulkanartigen Ausbruchs gestatten, um allmählich zu den tiefsten Schichten der eigenen Feindseligkeit vorzudringen. Der „Vesuv zu zweit" erfolgt nacheinander, wobei sich jeder maximal 10 bis 15 Minuten Zeit lassen sollte. Auch bei dieser Übung kann körperliche Bewegung beim Ausagieren unterstützend sein. Der gegenübersitzende Partner, der den Vesuv anhören will, soll die folgenden Regeln beachten: Halten Sie den Ihnen angenehmen Abstand vom Partner ein, so dass Sie gut zuhören können, ohne sich bedroht zu fühlen. Wenn das Ritual begonnen hat, konzentrieren Sie sich darauf, aufmerksam und gelassen zu sein, denn Sie sind als Zuhörer für Ihren ausagierenden Partner sehr wichtig. Ihr Augenkontakt vermittelt Nähe und Mitgefühl. Dagegen wird von Ihnen nicht erwartet, dass Sie irgendwelchen Äußerungen beistimmen oder helfend eingreifen.

Der aktive Partner lässt sich Zeit, die aufkommenden Gefühle zuzulassen und seine Sätze vor allem mit „Ich fühle …" anzufangen. Ohne Bandwurmsätze zu machen, hält man sich dabei am besten an das „Geländer der Emotionen" und steigt in die Tiefen der Wut, der Angst und Verletzungen. Fragen Sie sich zum Beispiel:

Wer oder was ist das Objekt meines Zorns, meiner Wut? – Was ist mein größtes Leiden? – Wem würde ich am liebsten mal den Hals rumdrehen? – Wie verletze ich mich selbst? – Wie setze ich mich immer wieder unter Druck? – Was habe ich für ein Selbstwertgefühl von mir? – Was kann ich mir letztlich nie verzeihen?

Solche und ähnliche Fragen führen uns in den Abgrund unserer persönlichen Feindseligkeiten, denn nur wer seine dunklen Seiten kennt, kann sie bei Auseinandersetzungen kontrollieren. Erst nach der Erfahrung und dem Wissen über eigene destruktive Aggressionen kann die Versöhnung mit dem Hass beginnen. Die Folge von selbstschädigendem Verhalten, andauernder Launenhaftigkeit und Selbsthass äußert sich im Sozialverhalten als eine permanent negative Grundstimmung bei Konflikten mit anderen und als unfaires Streiten.

Das Übungsritual >Zweier-Versuv< geht davon aus, dass schrittweises Erinnern und kathartisches Herausbringen nicht gefühlter Wut und innere Konflikte nicht nur zum Frieden mit der Vergangenheit führen, sondern auch zu einer neuen Identität. Die Übung wird eröffnet mit der rituellen Frage: „Darf ich dir (Name) meine unangenehmen Gefühle zeigen?" Der Zuhörer oder die Zuhörerin sollte mit einer Geste zustimmen.

Es empfiehlt sich, den Vesuv am Anfang möglichst täglich zu machen, später ein- bis zweimal die Woche, bis man selbst merkt, dass man ihn nicht mehr braucht. Auch themenbezogene Rituale führen auf den Weg zu sich selbst. Zum Beispiel: wiederkehrende Ängste, die Beziehung zu Vater und Mutter, Gewalterfahrungen, die berufliche Situation und intime Partnerprobleme. Wenn man sich durch solche und ähnliche Rituale für sich selbst geöffnet hat, bietet die Seele vermehrt Erinnerung und Gefühle an, die meist unstrukturiert ins Bewusstsein kommen. Bei Bedenken gegen die Durchführung solcher Übungen sollte man sich allerdings zumindest für den Anfang eine ausgebildete Fachkraft oder einen begleitenden Therapeuten als Zuhörer wählen. Sollte im Verlauf auch ein Ärger auf die zuhörende Person auftreten, ist dieser möglichst auszusprechen oder man sagt: „Mir kommt da gerade auch ein Ärger auf dich persönlich hoch, den ich dir dann aber später mitteilen kann."

Nach der vereinbarten Zeit und einem besinnlichen Ausklang endet das Ritual mit: „Danke, dass du mir zugehört hast." Unmittelbar danach sollte nicht über das Erlebte gesprochen werden, denn emotionale Erfahrungen wirken nach in der Stille. Mit dem Wechsel von Reden und Zuhören beginnt der zweite Teil des Rituals wieder mit der Frage: „Darf ich dir meine Gefühle über andere und mich selbst zeigen?" Zum Abschluss des >Zweier-Vesuvs< bleiben beide noch einen Moment beieinander und beenden das Ritual mit einer Umarmung. Bei einem später stattfindenden Nachgespräch reflektieren dann beide Partner die wichtigsten Erfahrungen aus dem Ritual. Dabei könnte es auch um die Frage gehen: „Welche veränderte Einstellung kann sich bei mir aus dem Ritual ergeben?"

»Ja – Nein«

Diese lustbetonte Aggressionsübung dient der Überwindung von Ängsten und zur Stärkung des Willens zur Durchsetzung. Sie ist besonders für Gruppen und Teams geeignet. Zur Durchführung wählt man sich einen Partner und erfragt das Einverständnis: „Hast du Lust, mit mir eine konstruktive Aggressionsübung zu machen?" Nach der Zustimmung stellen sich alle „Streitpaare" in einer Doppelreihe gegenüber. Und nun sind nur noch die beiden Wörter „ja" und „nein" zu hören. Beim ersten Durchlauf kämpft eine der beiden Reihen ausschließlich mit dem Wort „Ja" im Blickkontakt mit dem gewählten Streitpartner, der ausschließlich mit dem Wort „Nein" kämpft. Das gegenseitige „Ja" und „Nein" darf laut schreiend oder auch leise, aber bestimmend ausgedrückt werden. Der Zweck dieses Kampfes ist, dass jeder der beiden Kämpfer sich in das Gefühl des Gewinnens und der absoluten Durchsetzung hineinversetzt. Erlaubt sind alle möglichen Ausdrucksformen in Stimme, Gestik und Körpersprache. Die Regel aber ist: kein Körperkontakt!

Auf ein Klangzeichen oder Kommando eines Anleiters beginnt diese >Durchsetzungsübung<. Sie sollte nicht länger als zwei bis drei Minuten dauern, damit die aggressive Kraft der Streiter auch für die zweite Hälfte der Übung reicht. Nach dem Stoppsignal des Anleiters wird es still und die Teilnehmer sammeln sich für die Power im zweiten Durchgang. Ohne Gespräch miteinander geht es kurz danach weiter. Alle Streiter, die zuerst mit dem „Ja" kämpften, benutzen nun das „Nein". Im Gefecht geht es primär nicht um zurückliegende Konfliktgefühle, sondern vielmehr um ein präventives Training für den Ernstfall. Obwohl dieses Ritual auf kreativ-lustvolle Impakt-Aggression gerichtet ist, kann es sein, dass im Verlauf bei den Akteuren innere Bilder auftauchen, die an zurückliegende Kontroversen erinnern. Sind aber alte Verletzungen und Wut irgendwann gefühlt und bewusst verarbeitet worden, werden sie im Streittraining nicht mehr als störend oder unangenehm wahrgenommen. Damit sind Aggressionsrituale generell auch ein diagnostisches Mittel, um zu prüfen, wo jemand mit seiner Fair-Streitfähigkeit steht. Nach Beendigung des >Ja-Nein-Rituals< und einem dankenden Händedruck ist ein direkt anschließendes Auswertungsgespräch sinnvoll. Dabei geht es um die Fragen: In welcher Rolle habe ich mich sicherer gefühlt? Erlebte ich mich stärker als Neinsager? Gehe ich allgemein lieber in den Angriff oder halte ich mich gern zurück und lasse den anderen kommen? Viele Menschen haben das Problem, sich mit einem klaren „Ja" nicht offen zeigen zu können und sich damit um ein lohnendes Ziel zu bringen. Hier setzt das Fair-Streittraining an, damit man sich auf beiden aggressiven Ebenen, dem Herangehen und dem Abwehren, gleichwertig sicher fühlt.

Eine Weiterführung dieser Gruppenübung auf die private Zweierbeziehung ist möglich und durchaus wünschenswert. Bei der Durchführung dürften Intimpartner jedoch bald auf strittige Themenbereiche stoßen, die eventuell zur Klärung anstehen. Deshalb ist das Spiel von „Ja und Nein" auch eine gute Vorbereitung und Einstimmung auf andere Fair-Streitübungen. Damit dient dieses Ritual auch der Vorbeugung, um nichts mehr unter den Teppich zu kehren. Ich habe von einem Kindergarten gehört, in dem die Erzieherinnen vor ihrer wöchentlich stattfindenden Teamsitzung untereinander das „Ja-Nein-Ritual" durchführen. Die Leiterin berichtete: „Seit wir dieses Ritual sehr ernst gemeint benutzen, brennt bei uns nichts mehr an." Es wäre also empfehlenswert, in anderen Arbeitsbereichen und Betrieben solche Rituale zur Schaffung einer Fair-Streitkultur ebenso einzuführen. Die nachfolgenden Rituale sind nach meiner Erfahrung jedoch ebenso sinnvoll und wirksam.

»Die Kopfwäsche«

Kennen Sie das unangenehme Gefühl, jemandem den „Kopf waschen" zu müssen oder fällt Ihnen das leicht? Wie auch immer Sie dabei vorgehen, es kann sehr unliebsam enden, denn kaum ein Mensch hat es gern, wenn mit ihm ein „Hühnchen gerupft" wird.

Die >konstruktive Kopfwäsche< bietet die Möglichkeit, notwendige einseitige Konfrontationen in fairer Weise durchzuführen. Dieses Ärgerritual bezweckt den Erhalt von guten Intim- und Arbeitsbeziehungen. Der Anklagende beginnt mit der Frage: „Darf ich dir eine Kopfwäsche geben?" und der Betroffene muss dazu sein Einverständnis geben. Zur Sicherheit sollte geklärt werden, wann genau der richtige Zeitpunkt dafür ist. Konstruktive Konfrontationen dienen der Beziehungsklärung und brauchen eine achtsame und wertschätzende Atmosphäre. Ganz anders verlaufen dagegen abwertende Kriegserklärungen „zwischen Tür und Angel". Das sind Momente, in denen Beleidigungen wie Geschosse hin- und herfliegen und wo am wenigsten zugehört und verstanden wird.

Aufbauende Kritik indessen braucht die Gewähr, dass sie klar ankommt und sollte deswegen höchstens ein bis zwei Minuten dauern. Dazu stehen sich der Anklagende und der Betroffene gegenüber und das verbale „Ritual zur Zurechtweisung" kann beginnen. Die Kopfwäsche darf nur ein ganz bestimmtes vom Anklagenden als besonders belastend empfundenes Verhalten zum Inhalt haben. Zum Beispiel: ein nicht eingehaltenes Versprechen, einen Vertrauensbruch oder ein anderes Fehlverhalten. Der Betroffene hört sich die Kopfwäsche schweigend an und darf erst, wenn sie beendet ist und nur wenn nötig um Klarstellung bitten. Nicht erlaubt ist, sich zu verteidigen, zu rechtfertigen oder Erklärungen abzugeben, und am Ende muss ein Ritual zur >Wiedergutmachung< vereinbart werden, mit der die Schuld getilgt ist. Ein Beispiel:

Michael hatte, obwohl glücklich verheiratet mit Lara, einen Seitensprung riskiert und nun seinem Freund Rainer im Vertrauen davon erzählt. Rainer konnte dieses Geheimnis nicht für sich behalten und gab es weiter an Brigitte, obwohl diese eine Freundin von Lara war. Ahnungslos sprach Brigitte darüber mit Lara und so kam es letztlich zum Ehekrach. Ein Glück war es, dass Lara ihrem Mann verzieh, aber Michael stellte Rainer nun zur Rede und vereinbarte mit ihm das Streitritual „Kopfwäsche". Sie setzten sich einander gegenüber, Michael konnte seinen Ärger loswerden und Rainer hörte Michael zu: „Ich fasse es nicht, da vertraue ich dir als meinem Freund ein intimes Geheimnis an und du verrätst es deiner Brigitte, obwohl sie mit Lara befreundet ist. Ich bin empört über dein Verhalten und ich habe eine Stinkwut auf dich, weil ich mich von dir damit nicht ernst genommen fühle."

Rainer hörte Michael zu, er akzeptierte die Vorwürfe seines Freundes und bat nach seiner sichtlichen Betroffenheit um eine >Wiedergutmachung<, damit die Freundschaft erhalten blieb. Michael machte ihm darauf zur Auflage, dass er ein förmliches Entschuldigungsschreiben an ihn und an die beiden Frauen richten sollte. Dafür wolle er, Michael, den Geheimnisverrat seines Freundes und die Kränkung als vergessen betrachten.

»Der Frustkorb«

Ein leicht durchzuführendes Ritual, vor allem für Gruppen, ist der >Frustkorb<. Dabei werden im spielerischen Miteinander die vielen kleinen Belastungen und Ärgernisse des Alltags gesammelt und lautstark ausgedrückt. Diese Übung ist besonders geeignet für emotional ungeübte Streiter, die sich scheuen, ihre Gefühle zu zeigen, es aber dennoch lernen wollen. Hier ein Beispiel:

Während einer Bildungsveranstaltung führt die Anleiterin (nicht ohne ein verlockendes Schmunzeln) die im Kreis stehenden Teilnehmer in das Ritual ein: *„Vor der Tür steht ein großer und schwerer Korb für allen unseren Frust. Helft Ihr mir ihn reinzutragen?"* Sofort gehen einige Teilnehmer erwartungsvoll mit vor die Tür, ahnungslos darüber, dass dieser imaginäre Korb nur in der Vorstellung existiert. Nach einer kurzen Erklärung schleppen sie (meistens sofort mit viel Spaß an der Sache) einen überdimensionalen Korb herbei und stellen ihn langsam in der Mitte des Gruppenkreises ab. Die Anleiterin spricht weiter die Phantasie in der Gruppe an mit der Frage: *„Könnt Ihr diesen riesengroßen Korb sehen?"* Im Allgemeinen bestätigt das die Gruppe gleich darauf freudig mit einem „Ja". Nun fassen sich alle im Stehkreis an den Händen und unter begeistertem Stöhnen mit „Oh" und „Ah" werfen sie gemeinsam alle Mühsal des Tages, Stress und Ärgernisse in den Frustkorb. Nacheinander darf nun jeder etwas Spezielles in den Korb werfen, wobei die Gruppe jeden Einzelnen lautkräftig unterstützt. Die rituellen Sätze beginnen möglichst mit: „Ich werfe in den Korb…". Zum Beispiel: meine Enttäuschungen, alle meine Ängste, den Ärger im Betrieb, den Stress im Autostau, das ewige Warten an der Kasse im Supermarkt, mein dauerndes Kopfweh, die Rückenschmerzen, die Wut auf den Chef, den Frust mit der Kollegin, den täglichen Familienstress, das schlechte Wetter und vieles andere mehr.

Jeder Frust wird von allen anderen gehört und betätigt. Es darf aber nicht bewertet werden. So kommt es im Verlauf dieses

>Ausdrucksspiels< zu einer besonderen Mischung von trivialen und durchaus spaßhaft gemeinten Gefühlsausdrücken und tiefen ernsthaft empfundenen Emotionen. Beides hat nebeneinander Platz. Wenn der Korb voll ist und die Spielfreude zu Ende geht, packen alle an und werfen den Frustkorb vielleicht mit Schwung aus dem Fenster, verbrennen oder verzaubern ihn imaginär. Beim Abschluss oder beim Weiterführen dieses Rituals sind der Phantasie keine Grenzen gesetzt. Natürlich lässt sich dieses Ritual auch in jeder Familie durchführen.

Die Erfahrung aus den Streittrainings zeigt, dass durch solche spielerisch angelegten Rituale neben der emotionalen Entlastung auf Dauer auch die individuelle Erlebnis- und Ausdrucksfähigkeit gefördert und weiterentwickelt wird. Frau Elmau, Erzieherin und Gruppenleiterin einer Kindertagesstätte bestätigt: „Wir arbeiten mit diesem Ritual täglich und wenn ich es mal vergesse, kommen die Kinder und erinnern mich daran: *„Frau Elmau, wir haben heute noch gar keinen Frustkorb gemacht."*

Sehr zu empfehlen ist dieses Ritual bei Mobbing und getarnten Feindseligkeiten. Ein anderes Beispiel gibt eine Lehrerin der 5. Klasse einer Hauptschule: *„Nach dem Frustkorb ist in meiner Klasse eine ruhige und entspannte Atmosphäre. So kann ich arbeiten. Ich werde jetzt die Übung auch mal in meinem Kollegium vorschlagen."*

»Das Händedrücken«

Das konstruktiv-aggressive Streiten heißt auch: voller Einsatz der persönlichen Power, die Erfahrung der Schmerzgrenze und das Aussenden klarer Stoppsignale. Diese Prämisse ist Inhalt und Zweck der folgenden Aggressionsübung.

Der äußere Rahmen des Rituals ist wie beim „Frustkorb" das Stehen im Kreis der Gruppe. Man fragt wie bei allen diesen Ritualen nach dem Einverständnis, eine Aggressionsübung miteinander machen zu dürfen, und nach der Zustimmung fasst man die Hände seiner beiden Nachbarn. Damit beim Händedrücken die Partner gleiche Chancen haben, ist es zweckmäßig, die inneren Handflächen so dicht zueinander zu bringen, dass sich die Daumen beim Schließen der Hände überkreuzen. Nach einem Signal des Anleiters sollten dann alle in der Runde gleichzeitig die Hände so fest wie möglich zusammendrücken. Vor Beginn der Übung vereinbart man mit seinem Nachbarn, sich an der empfundenen Schmerzgrenze ein verbales „Stopp-Signal" zu geben. An dieser Grenze darf nicht weiter zugedrückt werden.

Und dann geht es los mit aller zur Verfügung stehenden Kraft. Die Dauer des Händedrucks ergibt sich meist aus dem Prozess des Erlebens, sollte aber eine Minute nicht überschreiten. Nach Beendigung des Rituals, mit einem Dank nach links und rechts, sollte man sich die folgenden Fragen beantworten:

Habe ich meine Kraft ohne Rücksichtnahme voll eingesetzt oder mich stattdessen bewusst gebremst und immer nur daran gedacht, dass ich den oder die andere/n nicht verletze? — Hatte ich Angst, verletzt zu werden und deshalb meine Kraft nicht einsetzen können? — Habe ich den körperlichen Schmerz nur ausgehalten, um nicht als der Schwächere zu gelten? — Wie sehr war ich verführt, an der Schmerzgrenze meines Nachbars weiter zu drücken? — Welches sind meine wichtigsten Gedanken und Erfahrungen aus diesem Ritual?

Aus der Antwort auf diese Fragen ergibt sich, in welchem Bereich des sozialen Verhaltens bei Konflikten weitergearbeitet werden müsste. Meine Schlussfolgerungen aus der Selbstbeobachtung vieler Teilnehmer an dieser Übung führen zu folgendem Ergebnis. Erstens: Die Männer nehmen bei physischer Aggression Rücksicht auf die Frauen, obwohl diese das gar nicht gut finden und solches Mannesverhalten sich dann beim Streiten häufig in sein destruktives und zerstörerisches Gegenteil verkehrt. Zweitens: dass Frauen sich hinter der Angst verstecken, verletzt zu werden und damit von den Männern nicht ernst genommen werden können.

Um das eigene Streitverhalten zu verbessern und kreativ-konstruktiv zu verändern, sollte man diese Übung über einen längeren Zeitraum mit wechselnden Aggressionspartnern wiederholen. Eine Weiterführung des Händedrückens ist, diese Aggressionsübung zu zweit durchzuführen. Nach dem Einverständnis und der Vereinbarung der „Stopp-Regel" geben sich die Partner im Stehen über Kreuz beide Hände und beginnen gleichzeitig mit dem Zudrücken. Ist man bereit, die lustvolle Intimität und Nähe zuzulassen, dann sollte man sich für das Ritual einige Minuten Zeit nehmen, dabei tief atmen, im Augenkontakt bleiben und alle entstehenden Gefühle unkontrolliert ausdrücken. Lautes Schreien und Stöhnen kann helfen zu einem Ausflug in die volle Lebensfreude. Dabei können besonders bei zwischengeschlechtlichen Übungspartnern freilich auch intime Bedürfnisse auftauchen oder ein schmerzlicher Mangel bewusst werden, denn direkte beiderseitige Impakt-Aggression vermeiden viele von uns unbewusst, um einem Mangelgefühl an Intimität zu entgehen.

Das >Händedrücken< hat zudem einen hohen Stellenwert in der pädagogischen Praxis mit Kindern und Jugendlichen.

»Die Ärger-Meditation«

Bevor man mit anderen fair streiten kann, sollte man zuerst lernen, mit sich selbst gut streiten zu können. Um dies zu erreichen, ist die Fähigkeit zum inneren Dialog ein erster Schritt. Die >Ärger-Meditation< hilft in dieser Richtung und ist ein Ritual für Einzelpersonen. Mein Vorschlag ist, es am Abend allein durchzuführen. Gehen Sie an Ihren Lieblingsplatz in der Wohnung, jedoch nicht vor den Fernseher, schließen Sie für kurze Zeit die Augen und kehren Sie in Gedanken zum Erwachen am Morgen zurück. Erinnern Sie sich an diejenigen Begebenheiten des Tages, bei denen Sie ungute Gefühle hatten. Zum Beispiel: Man ist zu spät aufgestanden. – Hat sich unnötigen Stress gemacht. – Etwas vergessen. – Zu wenig oder zu viel getrunken und gegessen. – Zuviel Geld ausgegeben. – Etwas Überflüssiges gekauft oder jemandem eine Zusage gemacht, obwohl man hätte nein sagen wollen und vieles andere mehr.

Geben Sie sich für diese Meditation selbst die Erlaubnis, dass alles Unangenehme auftauchen darf, für das Sie selbst die Verantwortung tragen. Manche ärgerlichen Verhaltensweisen, die gegen sich selbst gerichtet sind, mögen bei Ihnen selten vorkommen und machen Sie nicht böse. Andere passieren jedoch immer wieder, so dass man sie als „selbstzerstörerische Muster" entlarven muss. Der so entstehende Dauerärger führt nicht selten zu Selbst-Hass und damit leider auch zu Depressionen, feindseligen Gedanken und Handlungen gegen andere. Beim Spüren des Ärgers ist es wichtig, dass Sie ganz bewusst dabei atmen und mit dem Ärger auch Ihren Atem spüren und mit dem kraftvollen Atem den Ärger bewusst abfließen lassen. Nach Ihrer „Ärger-Meditation" können Sie überprüfen, ob Sie sich an einen oder mehreren Punkten des Tages einen >Selbstvorwurf< machen müssen. Wenn das zutrifft, sollten Sie diesen Vorwurf hörbar aussprechen. Zum Beispiel: „Du bist manchmal einfach dumm! Du hast Fehler gemacht! Du hast Scheiße gebaut! Du hast nicht gut für dich gesorgt!" Sich dabei im Spiegel anzusehen, erhöht die Wirkung des Rituals.

Nach der „Selbstanklage" gibt es drei Möglichkeiten: Die erste ist, man erkennt zwar seinen Fehler, doch man kann darüber schmunzeln. Sollte man sich jedoch ernsthaft darüber geärgert haben, ist nach der Selbstanklage das >Sichverzeihen< ein fairer und konstruktiver Schlusspunkt („Verzeihungsritual" siehe unten). Die dritte Möglichkeit ist, man entlarvt sein Verhalten als ein vielleicht schon bekanntes destruktives Muster, an dem man gezielt etwas verändern will. Jedes andere Verhalten sich selbst gegenüber ist destruktiv wie zum Beispiel: sich nicht wahrnehmen, billige Ausreden und falsche Entschuldigungen, den Fehler weg- und anderen zuschieben und krankhafte Symptome.

Wenn Sie sich dazu entscheiden sich selbst zu verzeihen, sollten Sie spätestens jetzt Ihre Augen öffnen und die Worte sprechen: „Ich verzeihe mir …". Dabei ist es wichtig, Ihre Verhaltensweise genau zu beschreiben, damit klar wird, welche anderen Fehler Sie sich noch nicht verzeihen können. Nach meinen Umfragen ist die Zahl derjenigen Menschen, die sich für irgendwelche negativen Verhaltensweisen permanent böse sind, sehr hoch. Frau M. gestand mir zum Beispiel in einer Beratungsstunde: „Ich mache mich für jede Kleinigkeit runter und kann es mir aber nicht verzeihen. Mit mir selbst jedoch streiten kann ich auch nicht und noch viel weniger mit anderen. Ich gehe allen Auseinandersetzungen möglichst unauffällig aus dem Wege, denn Ärger und Wut zu fühlen ist mir immer noch fremd." Solche selbstzerstörerischen Muster zu erkennen, ist ein wichtiger Anfang auf einem vielleicht längeren Weg. Der nächste Schritt dabei ist, wie bei Frau M., sich damit anderen offen zu zeigen. Jedoch auch für das Verzeihungsritual gilt: Teile es jemanden mit, was genau du dir verziehen hast und woran du bei dir selbst arbeiten willst, denn nur die Selbstanklage allein wäre schon wieder ein neuer Fehler.

»Grenzen setzen«

Diese Fair-Streitübung ist ein Rollenspiel für zwei Personen, die miteinander lernen wollen, sofort wirksame Grenzen zu setzen. Diese Übung wurde sowohl in den therapeutischen Trainings als auch in der Pädagogik weltweit entwickelt. Die Übung kann in Gruppen, Familien und auch unter Partnern durchgeführt werden.

Zwei Personen, die das Experiment durchführen wollen, stehen in der Mitte der Gruppe. Die anderen Gruppenteilnehmer geben den Akteuren achtsame und nonverbale Unterstützung. Das Grundthema der Übung ist: „Du willst Streit, den kannst du haben." Nachdem die beiden den Verzicht auf körperliche Gewalt erklärt haben, beginnt das Rollenspiel. Während der Spieler A ohne zu reden und völlig auf sich selbst konzentriert umherläuft, versucht Spieler B ihn aufreizend aus der Ruhe zu bringen. Dabei darf B auf A einreden. Zum Beispiel: „Na, du Stinker! Was stehst du denn hier so rum und verpestest die Luft? Komm, sag mal was, mach schon!" Die Person A nimmt zunächst keine Notiz von dieser „Anmache"; sie dreht sich weg und geht langsam weiter. B geht A abfällig lächelnd nach, ärgert ihn weiter und schubst ihn dabei auch etwas, aber nicht so, dass A hinfällt.

Das Ziel dieser Übung ist nun, dass die Person A sich innerlich darauf konzentriert, sich blitzartig umzuwenden und im direkten Augenkontakt zur Person B mit voller Power ein klares Stoppsignal zu geben. Das Signal sollte nur ein einziges Wort oder ein sehr kurzer Satz sein, wie zum Beispiel: „Schluss!", „Schluss damit!" oder „Jetzt reicht's!" Die Wirkung der abgrenzenden Energie muss bei B schockartig ankommen. Danach überprüfen beide das Ergebnis dieses „Grenzensetzens" im kurzen Gespräch mit gegenseitigen Rückmeldungen. Auch die miterlebende

Gruppe gibt kritisches und unterstützendes Feedback. Danach können die Spieler das ganze Experiment noch einmal wiederholen oder sie tauschen beim nächsten Mal die Rollen. Am Ende dieser aggressiven Streitübung steht, wie bei allen anderen Ritualen auch, der Abschluss mit einer liebevollen Umarmung.

Die Übung >Grenzen setzen< eignet sich besonders für aggressionsgehemmte Erwachsene und Kinder. In einem Training mit einer Schulklasse berichteten mir die Mädchen nach der Übung: „Das ist genau das, was wir brauchen, um uns vor der oft lästigen Anmache zu schützen."

»Rund um die Gürtellinie«

Wir alle haben Toleranzgrenzen, die niemand überschreiten darf. Das sind Zonen unserer intensiven Verletzbarkeit, die auch eine Kritik vom Partner und von Freunden nicht ertragen. Beispiele solcher >Gürtellinien< könnten sein: Verächtlichmachung Ihrer Eltern und Herkunft, Beleidigungen gegen Ihr Aussehen (zu kleiner Penis oder Minibrüste), Anspielungen auf Ihre sexuelle Fähigkeit, Angriff gegen Ihre Erziehungspraxis als Elternteil, Empfindlichkeiten über Ihr Alter, Erniedrigung Ihres Berufsstandes oder Seitenhiebe auf Ihre Unfähigkeiten.

Manche dieser persönlichen Gürtellinien mögen bei Ihnen zu hoch sitzen, andere zu niedrig. Die Neigung zur tiefsitzenden Gürtellinie ist weit verbreitet, denn viele Leute behaupten: „Mich kann niemand verletzen." Doch wir alle haben solche psychischen „Achillesfersen", auch wenn wir es nicht gleich wahrhaben wollen. Bewusste, aber mehr noch unbewusste Gürtellinien bestimmen den Grad unserer Verletzbarkeit und damit das Streitverhalten.

Ziel der nachfolgenden Übung ist, sich einzelner Punkte der Kränkbarkeit zu erinnern und die innere Gürtellinie neu zu bestimmen. Verfahren Sie dabei nach folgenden Schritten:

1. Gehen Sie in sich. In die Tiefe Ihres *Museums alter Verletzungen* und finden Sie jene Kränkungen, die Ihre Gürtellinien ausmachen. Schreiben Sie die Punkte auf und legen Sie sich eine Liste an.

2. Gehen Sie einige Zeit danach die Liste durch und überprüfen Sie ihre Aktualität. Manches davon haben Sie sich inzwischen selbst verziehen oder sind dabei, es zu tun. Zum Beispiel Ihre Unfähigkeit, Ordnung zu halten oder Ihr Konto nicht zu überziehen.

3. Verabreden Sie ein Gürtellinienritual mit Ihrem Partner oder Ihrer Freundin. Wählen Sie *eine* Ihrer Gürtellinien aus und reden Sie miteinander darüber. Ist sie zu hoch oder zu niedrig angesetzt? Gewöhnlich kann man alte Verletzungen im Zwiegespräch auf eine andere realistische Ebene bringen. Helfen Sie sich dabei gegenseitig mit Fragen wie: „Obwohl du es noch nicht erwähnt hast, glaube ich, dass es dich verletzt, wenn ..."

4. Schreiben Sie danach die nicht mehr aktuellen Gürtellinien auf einen Zettel und verbrennen Sie diesen feierlich im Beisein der Ihnen vertrauten Person als Zeugen. Übergeben Sie den Zettel dem Feuer, zum Beispiel mit den Worten: „Ich übergebe diese Verletzung dem Feuer und nehme es mir in Zukunft nicht mehr übel, wenn ..."

5. Definieren Sie die noch bestehenden Gürtellinien ausführlich und verändern Sie Ihre Museumsliste dementsprechend. Stimmen Sie zu, die Gürtellinien in Zukunft (auch gegenseitig) zu respektieren.

»Die Schaumstoffschlacht«

Der rituelle Kampf mit Schaumstoffschlägern wird von zwei Personen ausgetragen. Dieses Aggressionsritual ist für alle Altersstufen eine völlig ungefährliche und gewaltfreie Möglichkeit, die persönliche Angriffslust und Kampfesfreude konstruktiv auszuleben und weiterzuentwickeln.[*]

---

[*] Das Ritual wird 1972 erstmalig in deutscher Sprache beschrieben von S. Grönninger in >Aggression LAB< einer Studienausgabe zum „Fight-Training" (FT) von George Bach. Siehe auch ausführlich in „Keine Angst vor Aggressionen" Bach/Goldberg, Frankfurt a. M. 1981. Der für dieses Ritual benötigte Schaumstoffschläger ist auch bekannt als „Bataca-Schläger".

Das Ritual mit Hilfe von Schlägern aus Schaumstoff wird in der Paar- und Familientherapie seit über 30 Jahren bei Aggressionshemmungen sehr erfolgreich eingesetzt. Inzwischen hat die „Schaumstoff-Schlacht" auch einen festen Platz in der pädagogischen Arbeit aller Schulsysteme bis hin zum Kindergarten. Dabei zeigte es sich, dass der faire Kampf mit den Schlägern nicht nur die Fähigkeit zur Durchsetzung fördert, sondern nachweislich auch körperliche Gewaltbereitschaft bei Jugendlichen und Kindern in kurzer Zeit in konstruktive Bahnen lenkt. Die mit Stoff bezogenen Schläger haben eine Füllung aus weichem Schaummaterial. Das erlaubt den beiden Kämpfern, ungehemmt aufeinander loszuschlagen. Dabei kann man kaum stärker verletzt werden als bei einer Kissenschlacht.

Die Schaumstoffschlacht wird, wie andere Aggressionsrituale auch, nur in beiderseitigem Einverständnis durchgeführt. Etwaige Größenunterschiede, zum Beispiel, wenn Eltern mit ihren Kindern kämpfen, sollten dadurch ausgeglichen werden, indem die Erwachsenen auf die Knie gehen. Seitdem der faire Schaumstoffkampf vermehrt im erzieherischen Alltag auch mit kleinen Kindern eingesetzt wird, gibt es inzwischen Schläger verschiedener Größen, auch um die Kraftunterschiede auszugleichen. Trotz der geringen Verletzungsgefahr gebe ich in meinen Trainings noch weitere Einschränkungen. So sollten die Kämpfenden bestimmte Körperzonen aus dem Kampfbereich ausschließen. Dazu gehört vor allem der Kopf, die Genitalien und die Brüste. Manche Trainer und Therapeuten empfehlen den Kämpfern, sich mit der freien Hand aneinander festzuhalten und mit dem Schläger auf den gegnerischen Rücken und das Gesäß zu hauen. Auch eine Zeitbegrenzung wird miteinander vereinbart, die bei Erwachsenen etwa bei einer Minute liegt. Kinder und Jugendliche kämpfen gern länger miteinander. Doch für alle Kämpfenden gilt die Regel, dass man den Schaumstoffschläger fallen lässt, wenn man den Kampf beenden möchte. Wie bei allen anderen Fair-Streitritualen und -übungen gilt auch für dieses Ritual das Prinzip:

■ *Es gibt keine Verlierer – nur Gewinner.*

Mit dem Klangzeichen des Zeitgebers beginnt die „Schaumstoff-Schlacht". Falls Zuschauer dabei sind, begleiten sie das aggressive Kampfspiel erfahrungsgemäß mit begeisterten Zurufen. Auch die Kämpfenden können vereinbaren, dass sie ihre Schläge mit aufreizenden oder beleidigenden Reden begleiten wollen. Das spontane Reden und Draufschlagen weckt nicht selten verdrängte Aggressionen bei den Akteuren. Zum Beispiel sagte mir ein Mann: „Während ich zuschlug und laut schrie, sah ich plötzlich meinen Chef, auf den ich schon lange eine ohnmächtige Wut fühle." So ist es auch möglich, dass zwei KämpferInnen vor dem Kampf vereinbaren, sich gegenseitig als jemanden zu benutzen, den man sich innerlich vorstellt, um den Ärger auf diese Person zum Ausdruck zu bringen.

Das Ende des Kampfes wird wieder mit einem Klangzeichen angezeigt, und danach geben sich die Kämpfer wie nach anderen Aggressionsritualen ein rituelles „Danke für den fairen Kampf".

Nach diesem Ritual mit den Schlägern beobachte ich besonders häufig, dass sich die Kämpfer, auch wenn sie sich vorher kaum kannten, ganz herzlich in den Arm nehmen. Es ist der Ausdruck der Verwandlung von Beziehungen durch bewusste und konstruktive Aggression.

Vornehmlich denjenigen Menschen, denen es schwer fällt, sich mit Worten auszudrücken und dadurch die Spannung, unter der sie leiden, zu lösen, bietet die Schaumstoff-Schlacht eine Möglichkeit, sich gefahrlos von ihren aufgestauten Energien zu befreien. George Bach benutzte die Schaumstoffschläger vor allem bei Ehepaaren, deren Beziehung eingefroren war, die sich kaum noch etwas zu sagen hatten, aber nicht voneinander abließen. Mit diesem Aggressionsritual, das ist auch meine eigene Erfahrung als Trainer, wurde manche Intimbeziehung auf körperlichem Wege wieder zu neuem Leben erweckt. Vielen Menschen, die physische Aggression normalerweise völlig ablehnen oder fürchten, vermittelt dieses spielerische und erfrischende Ritual die Erfahrung, dass Aggression etwas sehr Positives sein kann.

Persönliche Rituale

Die hier beschriebenen Rituale sind nur eine kleine Auswahl, entwickelt aus der Fülle therapeutischer und pädagogischer Methoden, zum besseren Umgang mit Aggressionen und Streit. Mancher Leser wird darin seine eigenen Rituale wiedererkannt haben, denn viele von uns leben nach ganz persönlichen Riten und Gepflogenheiten, um der Destruktivität zu entgehen. Der Volksmund hat dafür sprichwörtliche Redensarten wie zum Beispiel: *„Jemanden zur Rede stellen"* – *„Seinem Ärger Luft machen"* – *„Rede und Antwort stehen"* – *„Eine Standpauke halten"* – *„Einen Korb geben"* – *„Sich wieder in die Augen sehen können"* oder das Ritual: *„Hand drauf",* bei dem sich zwei nach einer Vereinbarung die Hand reichen.

Nach dem Muster der in diesem Kapitel dargestellten Rituale und unter Beachtung der entsprechenden Fair-Streitregeln kann jeder für sich selbst und seine Beziehungen wieder neue Rituale erfinden. Zum Beispiel erzählte mir eine Frau, dass sie abends vor dem Zubettgehen mit ihrem Mann gemeinsam die Geschehnisse des Tages zurückverfolgt. Sie nannten das Ritual den „Tagesausklang", wobei sie nacheinander die freudigen, ärgerlichen und schmerzhaften Ereignisse des Tages noch einmal kurzgefasst aussprachen und damit abschließen konnten. Möge dieses Buch ein Anreiz sein, immer mehr und weitergehende konstruktive Aggressions- und Streitrituale für alle Menschen und Lebensbereiche zu entwickeln.

Sieben Thesen zum fairen Streiten

1. Konflikte sind eine not-wendige Realität des Lebens.
2. Ein Streit ist so natürlich wie Zuneigung und Liebe.
3. Bei einem Streit sind immer Gefühle beteiligt.
4. Das Fühlen und Ausdrücken von Ärger, Wut, Zorn und Verletzungen sind grundlegende Naturrechte aller Menschen und unabhängig von Alter und Stellung der Kontrahenten.

5. Die Streitpartner haben das Recht auf eine wenn auch nur minimale Problemlösung. Ist ein Problem unlösbar, dann ist das die Lösung.

6. Eine Konfliktbereinigung bedeutet nicht die endgültige Lösung, die den ewigen Frieden bringt.

7. Faires Streiten ist erlernbar!

Zu These 1

Der Versuch, Konflikte aus der Welt zu schaffen, ist gescheitert. So lange wir Menschen auf diesem Planeten existieren, wird es sie geben, in jeder Art von Beziehungen. Die Herausforderung, vor der wir stehen, ist die Entwicklung eines >konstruktiven Konfliktbewusstseins<. Es ist das Wissen, dass Konflikte täglich entstehen können und miteinander gewaltfrei zu lösen sind. Ein konstruktives Konfliktbewusstsein vermindert die Angst und stärkt das Vertrauen, sich auf Auseinandersetzungen einzulassen.

Zu These 2

Liebevolle Begegnungen beruhen wie Konflikte auf dem Mysterium der zwischenmenschlichen Spannung. Wir alle kennen Spannungen als Energien von Vorfreude, Erregung oder Missbehagen und viele andere. Ob wir sie als angenehm oder unangenehm empfinden, was wir dabei erstreben oder vermeiden, das ist der Spannung egal. Sie ist unser naturtragendes Lebensprinzip und der Motor für Veränderungen und zum Handeln. Zum Beispiel ist der Zorn von Nahestehenden vor allem eine Form von starkem Interesse.

Zu These 3

Ein Streit ohne Gefühle ist kein Streit. So wie die Liebe zur Liebesbeziehung dazugehört, ist ein ernsthafter Streit ohne Ärger nicht denkbar. Der Austausch von Ärger, Wut und anderen Konfliktgefühlen ist die Grundlage für einen fairen Streit.

Zu These 4

Diese These will ich mit einem Beispiel aus dem Familien-Streittraining begründen. Das entsprechende Ritual heißt: >Gefühlsrecht-Vereinbarung< und wird in Anwesenheit aller Familienmitglieder durchgeführt. Dabei stehen Eltern und Kinder, evtl. auch Großeltern oder im Haus lebende Verwandte, im Kreis zusammen und halten sich an den Händen. Nacheinander sagen alle, entsprechend ihrem Alter abgewandelt, sinngemäß die folgenden Sätze:

„Ich habe das Recht, alle meine Gefühle: die Angst, die Liebe, die Freude, die Wut und den Schmerz zu fühlen und euch zu zeigen. Ich will euch damit nicht abwerten oder angreifen. Auch eure echten Gefühle will ich achten und wertschätzen."

Das Ritual endet mit einem liebevollen Händedruck oder einer Umarmung und den Worten: „Danke, dass du meine echten Gefühle achten willst." Dieses Naturrecht der Gefühle beinhaltet selbstverständlich nicht die Pflicht, seine Gefühle zeigen zu müssen.

Die langjährige Erfahrung zeigt jedoch, dass sich die Gefühlskultur in Familien, die solche Rituale durchgeführt haben, erheblich verbessert hat. Ähnliche Rituale mache ich auch bei Paaren, Gruppen und Teams. Sie unterstützen nicht nur das konstruktive Zweiergespräch, sondern zum Beispiel auch die Betriebsatmosphäre am Arbeitsplatz.

Zu These 5
Ein Streit, bei dem nur einer oder eine gewinnt, ist unfair. Doch manchmal ist eben nur einer von beiden der Nutznießer und dann wird ein Ausgleich schwierig.

Dazu ein Beispiel:
Der Kampf um die gesichtete Parklücke hat begonnen. Wer von beiden kommt zuerst hin? Herr Vollmer hat's geschafft und er gewinnt. Er freut sich. Eigentlich würde er jetzt einen Moment warten, nur nicht gesehen werden und dann weg, schnell rein in den Supermarkt. Das ist das Schuldgefühl des Gewinners. Doch er will sich heute völlig anders verhalten. Er steigt aus und geht auf den Kontrahenten zu. Der sitzt in seinem Fahrzeug, öffnet das Fenster und zeigt Herrn Vollmer offen seinen Ärger. Dieser hört zu, bis der Verärgerte seinen Dampf abgelassen hat, und

erwidert dann: „Ich verstehe Ihren Ärger, doch ich bin nun mal zuerst da, aber ich helfe Ihnen, wenn ich einen freien Parkplatz sehe." Herr Vollmer schaut sich spontan um und tatsächlich: „Gleich dort drüben in der Parallelreihe ist was frei. Fahren Sie rum, ich springe schnell rüber und halte ihn frei!" Nur kurze Zeit später kommt der vorher so Verärgerte an den Platz. Ein freundliches Nicken im Weggehen und auch der Kontrahent nickt, wenn auch noch leicht sauer. Vielleicht erzählt er aber zu Hause von dem Vorfall und der Erfahrung, zwar verloren zu haben und doch geachtet gewesen zu sein.

Von einer kreativen Problemlösung erzählte eine Mutter nach einem Streittraining: „Der ewige Streit um die Hausaufgaben meines Sohnes hat mich genervt. Doch vor einiger Zeit bin ich damit mal anders umgegangen. Nach der Schule fragte ich ihn: ‚Na, wie war es mit den fertigen Hausaufgaben in der Schule, nachdem ich dich gestern voller Wut fast dazu gezwungen habe.' Er meinte darauf, dass es sehr gut für ihn gewesen sei. Beim Abendbrot stellte ich ihm dann noch seinen Lieblingsbrotaufstrich auf den Tisch und sagte zu ihm: ‚Hier, das ist für dich und dafür, dass wir uns gestern wegen der Hausaufgaben so gestritten haben.' Dabei berührte ich ihn liebevoll und er freute sich. Seitdem hat es um dieses Thema erstaunlicherweise keinen Ärger mehr gegeben."

Das Symbol für die konstruktive Beendigung von Auseinandersetzungen heißt, den Verlust im möglichst beiderseitigen >Aufsammeln der Scherben< minimal auszugleichen.

Aber auch faires Streiten löst nicht alle Probleme. Viele Menschen unserer Wohlstandsgesellschaft leben in dem falschen Glauben, dass heutzutage alle Probleme gelöst werden können, doch es gibt auch unlösbare Konflikte. Ich denke dabei an einen Mann und eine Frau, die sich kennen gelernt und sehr bald lieb gewonnen hatten. Nach einiger Zeit sprachen sie miteinander über die gemeinsame Zukunft und ihre wichtigsten Wünsche. Dabei stellte es sich heraus, dass sie sich sehr wünschte, Mutter zu werden und mit ihm ein Kind zu haben. Das Problem aber war, dass der Mann auf keinen Fall Vater werden wollte. Ab diesem Moment ahnten beide, dass sie ein unlösbares Problem miteinander hatten. Gleichzeitig ist das dann aber auch die Lösung, ungeachtet aller nachfolgenden Entscheidungen und Probleme.

Zu These 6
Wer kennt nicht die Erleichterung nach einem bereinigten Konflikt, besonders dann, wenn man sich nach dem Streit wieder in die Augen sehen kann. Das Gefühl sagt einem: endlich vorbei, alles klar, ein für alle Mal geklärt, Entspannung ist angesagt.

Ich erinnere mich genau an das gute Ende eines Streites um die Pflichten im Haushalt in unserer Familie. Meine Partnerin, ihre Kinder und ich hatten einen Wochenplan erstellt und alle waren einverstanden. Danach hielt sich jeder an die Aufgabenliste. Doch nach einigen Wochen, wir hatten inzwischen schon an den ewigen Frieden geglaubt, gab es erneut Ärger und wir mussten wiederum eine Familien-Krisenkonferenz einberufen.

Ich habe damals durch die Kinder über das faire Streiten viel lernen können. Vor allem, dass zum konstruktiven Konfliktbewusstsein das Wissen um Nachverhandlungen selbstverständlich dazugehört. Dieses Bewusstsein verringert die permanente Angst um den >lieben Frieden< und entkrampft das Zusammenleben. So verliert das Streiten seinen negativen Mythos.

Zu These 7
Noch immer erleiden Menschen den Verlust von Intimbeziehungen, Freundschaften oder ihres Arbeitsplatzes, weil sie nicht fähig sind, Konflikte gut zu lösen. Das muss nicht sein, denn wer es nicht lernte, gezielt und konstruktiv zu streiten, kann das nachholen.

Das Fair-Streittraining

Eine vollständige Darstellung der Praxis des fairen Streitens kann dieses Buch nicht geben, denn derartige Trainings werden in Deutschland von zahlreichen und sehr unterschiedlichen Veranstaltern angeboten. Sie reichen von Projekten zur Friedenspädagogik, über Anti-Gewaltgruppen bis zu sozialen Trainings in öffentlichen Bildungseinrichtungen wie der Volkshochschule und anderen Trägern. Interessierte an solchen Angeboten sollten auf die jeweilige Kursausschreibung achten.

In meinen Kursen bilden die in diesem Buch beschriebenen Regeln und Rituale die Grundlage eines Fair-Streittrainings. Es ist besonders geeignet für Alleinlebende und Paare, Familien mit Kindern und zur beruflichen Fortbildung.

Ziel und Zweck
In einem solchen Training lernen und erfahren die Teilnehmer:
– faire Streitgespräche zu führen und Konflikte zu lösen,
– zwischen unschädlicher Selbstbehauptung (= konstruktive Aggression) und Feindseligkeit (= destruktive Aggression) zu unterscheiden,
– ihr destruktives Konfliktverhalten zu erkennen und sie werden ermutigt, neues Verhalten auszuprobieren,
– den direkten Austausch von Ärger, ohne den Streitgegner zu verletzen,
– Beziehungen zu klären und die gegenseitige Wertschätzung zu erhalten,
– ihre Gürtellinie oder Achillesferse klar zu definieren,
– wie faires Streiten hilft, Ängste zu überwinden und zu Offenheit und Nähe führt.

In kleinen und größeren Gruppen bis zu 20 Personen werden Streitregeln und -rituale eingeübt und entsprechend den persönlichen Belangen der Teilnehmer aufgearbeitet oder auch verändert. Die Dauer eines Streittrainings reicht von einer Tagesveranstaltung bis zu dreitägigen Kursen. Zur Einführung werden Vorträge und Kurzseminare von einigen Stunden angeboten. In Weiterführungskursen kann das Gelernte dann vertieft werden.

Ein Sprichwort behauptet: *„Man kann sich nur selbst verändern",* doch dann verändert sich die Welt und unsere Beziehungen. Um das konstruktive Streiten zu erlernen, braucht es zu Beginn vielleicht etwas Mut, doch danach dürfte die freudevolle Aggression überwiegen. So berichten es die Teilnehmer. Ich würde nie behaupten, dass Streiten auch Spaß machen kann, denn bei ernsthaften Konflikten hört der Spaß auf. Doch die Angst vor Auseinandersetzungen und Aggressionen weicht der Erfahrung, dass Streiten verbinden kann.

Literaturverzeichnis

Arbeitsgemeinschaft Jux Dramatiques: „Ausdrucksspiel aus dem Erleben", Zytglogge-Werkbuch, Bern 1984

Bach, G. R./Goldberg, H.: „Keine Angst vor Aggressionen" Ratgeber Fischer-Verlag, 3314

Bach, G. R./Wyden, P.: „Streiten verbindet" Ratgeber Fischer-Verlag, 3321

Casriel, Dan: „Die Wiederentdeckung des Gefühls" 12 & 12 Verlag, Oberursel, ISBN 3-930657-35-X

English, Fanita: „Transaktionsanalyse" Gefühle und Ersatzgefühle – Iskopress

Freud, Sigmund: „Triebe und Triebschicksale", Fischer 1975

Gordon, Thomas: „Familienkonferenz", Heyne Verlag München

Grün, A.: „Der Wahnsinn der Normalität", 1987, dtv 35002

Harper u. Row: „Transaktionsanalyse seit Eric Berne" Band 3, 1977

Jung, C. G.: „Zwei Schriften über analytische Psychologie" Gesammelte Werke Band 7, Walter Verlag

Harris, Thomas A.: „Ich bin o.k. – du bist o.k." rororo Sachbuch 16916

Hellinger, B.: „Ordnungen der Liebe", Carl Auer Verlag 1994

Lechler, Walther H.: „Den Umgang mit der Angst lernen" in „Wege aus der Angst" Gornik H.A. (Hrsg.) Christophorus

Lorenz, Konrad: „Das sogenannte Böse" Borotha-Schoeler, Wien 1963

Luczak, H.: „Wie der Bauch den Kopf bestimmt" in der Zeitschrift GEO, November 2000

Prekop, Jirina: „Der kleine Tyrann"
dtv 36050

Richter, H. E.: „Zur Epidemie der Gewalt"
Wiener Vorlesungen, Picus, Wien

Roth, Gerhard: „Fühlen, Denken, Handeln"
Suhrkamp Verlag

Satir, Virginia u. a.: „Mit Familien reden"
Pfeiffer Verlag, München

Schlegel, Leonhard: „Die Transaktionale Analyse"
Franke Verlag, Tübingen

Simon, Fritz B.: „Tödliche Konflikte"
Carl-Auer-Systeme Verlag

Solomon, Robert C.: „Gefühle und der Sinn des Lebens"
Zweitausendeins

Weber, G. (Hrsg.): „Zweierlei Glück"
Carl Auer Verlag 1994

Cassetten

Moosig, Karlheinz „Wir lieben uns – Wir streiten uns"
Der Umgang mit den Gefühlen in der Familie
Vortrag im Hospitalhof, Stuttgart, 2000
erhältlich: Evangelisches Bildungswerk
Gymnasiumstraße 36, 70174 Stuttgart
Telefon: 07 11– 20 68-150, Fax: -3 27

Roth, Kornelius: „Groll und Angst"
erhältlich: Förderkreis für Ganzheitsmedizin e.V.
Sägwasenplaz 4, 76332 Bad Herrenalb

Streiten lernen, aber wo?

Informationen über Fair-Streittrainings für Erwachsene, Familien und als Weiterbildungsseminare erhalten Sie über:

Karlheinz Moosig, Juchtlensraße 38, 72124 Pliezhausen

und beim

„Förderkreis für faires Streiten und konstruktive Aggression"
c/o Odenwaldinstitut
Trommstraße 25
69483 Wald-Michelbach
Telefon: 0 62 07- 6 05-0
Fax: 0 62 07- 6 05-111
E-Mail: info@odenwaldinstitut.de